AF497327

GUSTAVE SANDRÉ, ÉDITEUR,
Rue Percée-Saint-André-des-Arts, 11.

RÉPONSE
D'UN SOCIALISTE

A M. LE MARÉCHAL BUGEAUD,

PAR

LE CITOYEN GREPPO,

REPRÉSENTANT DU PEUPLE.

L'association universelle des travailleurs est l'ancre
de salut de l'humanité.

PRIX : 10 CENTIMES.

M. le maréchal Bugeaud a publié il y a quelques semaines, dans la Revue des Deux-Mondes,
une critique du socialisme que des adulateurs of-
ficieux ont religieusement recueillie, pour en faire
une sorte de pamphlet destiné à édifier le peuple
sur la valeur d'application des doctrines sociales,
et déterminer les électeurs à lui accorder leurs
suffrages, comme au champion des opinions ré-
putées seules honnêtes. Ce travail est plus complet
qu'aucun de ceux qui ont traité la même matière ;
mais il est hérissé de sophismes et de paradoxes
présentés avec tant d'habileté, que j'ai cru devoir
relever le gant jeté au socialisme, et en faire la
réfutation paragraphe par paragraphe.

Comme je ne veux pas être accusé de subtilité,
je fais précéder ma réponse par l'attaque de
M. Bugeaud, pour qu'on puisse juger en toute sécurité de conscience, de la valeur des arguments
que j'oppose à ses sophismes.

Le thème de M. le maréchal Bugeaud peut se
résumer en ce peu de mots : Les socialistes ont
l'orgueilleuse prétention de vouloir régénérer la
société par l'association et le travail en commun ;
pour arriver à ce résultat, ils se proposent de
spolier la bourgeoisie au profit des classes laborieuses afin que l'égalité parfaite règne au sein
de l'humanité ; mais la bourgeoisie résistera, parce qu'une loi plus puissante que les doctrines er-
ronées des socialistes, *la loi de Dieu*, a consacré
le principe de l'inégalité des conditions que nul
effort humain ne pourra détruire. Ce qui revient
à dire que ceux qui se sont jusqu'à ce jour si
bien trouvés de l'exploitation, demandent à la perpétuer ; et ils s'opposent à l'affranchissement des
travailleurs parce que leurs priviléges, garantis par
Dieu même, en éprouveraient une rude atteinte.
Ayant pu constater par les données de l'histoire
que depuis l'origine des sociétés, la force l'a em-
porté sur le droit, ils se demandent naïvement
pourquoi elle ne continuerait pas de dominer.

Le travail de M. le Maréchal Bugeaud est un
appendice aux œuvres des économistes de l'école
de Malthus, auxquels il ne manque que du cœur
pour comprendre ce qu'il y a de souffrances dans
le peuple et d'iniquités à réparer.

Paris, 18 septembre 1848.

GREPPO,
Représentant du Peuple.

LETTRE DE M. LE MARÉCHAL BUGEAUD.

§ 1er.

Dans ce siècle où tout le monde est animé, je dirais presque tourmenté, par l'idée du progrès, il s'est trouvé de prétendus penseurs qui, sans tenir aucun compte de l'œuvre du temps, de la force des choses, des nécessités sociales, des lois naturelles, des dispositions du corps humain, ont voulu tout organiser ou réorganiser. Ces hommes paraissent croire qu'avant eux tout allait mal dans le monde, et que beaucoup de choses n'allaient pas du tout. De ce qu'il n'y avait ni décrets, ni lois, ni ordonnances pour réglementer le travail, ils ont supposé que le génie du siècle, en eux personnifié, devait apporter là sa règle et son compas.

RÉPONSE.

§ 1er.

Ces prétendus penseurs, **M.** le maréchal, ont passé leur vie à étudier non dans les espaces imaginaires, mais dans la réalité de la vie pratique, les besoins de l'homme au sein de la société; ils sont les continuateurs des philosophes qui règnent depuis plus de 2000 ans sur le royaume de la pensée, et ils se sont faits les apôtres d'une doctrine qui poursuit la réforme d'un ordre social dans lequel les uns ont tout et les autres rien, où l'ambition l'emporte sur la modestie, l'intrigue, sur le talent, la bassesse, sur l'indépendance, la vénalité, sur le désintéressement, l'égoïsme, sur le dévoûment. Voilà, **M.** le maréchal ce que ces prétendus penseurs ont reconnu dans le monde depuis de si longues années, qu'ils ont cru que le règne du génie du mal devait finir, pour faire place à celui du génie du bien.

§ 2.

Il y a bien de l'orgueil à prétendre que tout est à réformer dans un ordre social qui est le résultat du progrès de dix-huit siècles. Ajoutons, pour être juste, que nos philantropes, vivement touchés des misères trop fréquentes qu'ils apercevaient autour d'eux, en ont cherché le remède, pour la plupart du moins, avec un véritable amour de l'humanité; mais ils ont trop cru que les maux de la société tiennent exclusivement à la constitution politique et industrielle. Ils n'ont pas vu que les principales causes de ces maux étaient dans la nature en général et dans celle de l'homme en particulier. Les réformes sociales ou industrielles ne changeront point ces choses-là; elles ne feront pas, par exemple, qu'il y ait deux végétations chaque année, et qu'avec un léger travail les terres donnent à l'homme en abondance tout ce qui lui est nécessaire. Elles ne feront pas non plus, ces réformes, que tous les hommes naissent avec la même force, la même intelligence, la même activité, la même sagesse. Voilà pourtant ce qu'il faudrait pour réaliser les utopies de nos réformateurs. Que dis-je? ce ne serait pas assez : il faudrait que Dieu fît tomber du ciel tout ce qui est nécessaire à l'homme; car, tant qu'on devra produire ce nécessaire par le travail, il y aura fatalement de grandes inégalités, parce que Dieu a créé les hommes très-inégaux dans leurs aptitudes au travail.

§ 2.

Non, M. le maréchal, il n'y a pas d'orgueil à se poser en défenseur des idées généreuses, et surtout à trouver que ces 18 siècles de progrès n'ont fait que déplacer les inégalités sans rien changer à la condition du peuple. En avouant que ces philantropes (épithète polluée par des intrigants), que ces prétendus penseurs, ont été vivement touchés des *misères trop fréquentes* qu'ils apercevaient autour d'eux, vous reconnaissez qu'il y a quelque chose à faire dans cette société fécondée par 18 siècles de progrès, puisqu'il y a, de votre aveu, *des misères trop fréquentes*. Ils ont eu raison d'attribuer à la constitution politique et industrielle de la société, les maux qui la déchirent. D'abord, parce que la constitution de la société, en n'accordant de droits politiques qu'aux privilégiés, consacrait le patriciat; et, vous le savez, les patriciens de Rome furent les plus grands ennemis des prolétaires, comme les privilégiés sont devenus les plus durs oppresseurs du peuple; quant à la constitution industrielle, elle est autant que la constitution politique cause du malaise social; tous les économistes, socialistes ou non, sont d'accord sur ce point. Il ne faut avoir parcouru qu'en simple touriste les districts manufacturiers, pour y reconnaître que la misère y est à son comble, la dépravation des mœurs et dégénération de la race humaine, portées à leur suprême degré, tandis que les chefs d'industrie sont les riches et gras pasteurs de ce troupeau de bétail humain. C'est par suite de cette mauvaise constitution de l'industrie, que l'ouvrier est réduit à l'état d'instrument entre les mains de l'entrepreneur, qui l'use et le brise sans pitié, parce qu'il faut qu'il produise vite et à bon marché, et qu'il sait que cet instrument une fois hors d'usage, il s'en présentera d'autres aux mêmes conditions, car il n'y entre eux et lui d'autre lien que celui de la faim.

On voit, M. le maréchal, que vous n'avez étudié qu'au point de vue du fatalisme social la nature et l'homme, et que ces dissemblances, ces inégalités originelles, cette impuissance, sous nos climats, à vivre sans travail, vous ont fait regarder comme un fait dominateur dans l'organisation de la société, le besoin d'une inégalité qui consacrât l'existence de deux castes, les esclaves et les maîtres. Vous auriez raison, M. le maréchal, si les privilégiés n'étaient que ceux qui ont de grands talents, des aptitudes qui les mettent à la tête de la société par le fait même de leur haute intelligence, si ces hommes étaient les plus laborieux d'entre tous et ceux qui produisent le plus. Mais il n'en est rien, l'inégalité aveugle a mis dans cette haute position des oisifs, des débauchés, des idiots, des hommes impuissants par le corps et par l'esprit; qui passent le jour au lit et la nuit au brelan, et qui seraient incapables, si le malheur venait à les frapper, de rendre comme prolétaires le moindre service à la société. Enfin vous êtes, M. le maréchal, l'apôtre du parasitisme social, qui se complaît dans la vue de l'inégalité, et trouve tout pour le mieux dans le meilleur des mondes possibles.

§ 3.

Les rêveurs philanthropes, les démagogues de tous les temps et de tous les pays, ont semblé croire qu'il y avait quelque part une grosse masse de richesses données par Dieu, et qui pourrait suffire à tout le monde, si quelques aristocrates ne s'en étaient pas emparés avec un égoïsme impitoyable. Cette idée est, à leur insu peut-être, la base de tous leurs systèmes, de toutes leurs déclamations. Que signifierait sans cela cette éternelle assertion : que la révolution de février est sociale et non pas politique ? Que signifierait cet autre axiome du catéchisme socialiste, que les richesses *sont mal réparties* ? On voit clairement derrière ces propositions l'idée qu'il y a des richesses innées, préexistantes au travail, qui appartiennent à tous, et qui, étant mal réparties, appellent une révolution sociale. S'il est démontré que ces richesses innées, données par Dieu, n'existent pas ; qu'il n'y a d'autres richesses que celles produites par le travail (et la démonstration est des plus faciles), que devient la doctrine de la révolution sociale, d'où l'on veut faire sortir une meilleure répartition des richesses ? Cette répartition n'est plus que le vol fait au travail, à l'intelligence, à l'économie ; c'est l'œuvre du frelon pillant la ruche de l'abeille industrieuse. Si nous voulions imiter la violence de certains publicistes, ne serions-nous pas autorisé à leur renvoyer la qualification qu'il ont appliquée au détenteur de la propriété ?

RÉPONSE.
§ 3.

Eh! mon Dieu non, M. le maréchal, les rêveurs philantropes et les démagogues ne croient pas plus que vous aux *richesses innées*, aux *richesses préexistantes au travail*, ce qui ne les empêche pas d'être fermement convaincus que la révolution de février, telle qu'ils l'ont comprise, est *sociale* comme but, *politique*, comme moyen ; et que les *richesses sont mal réparties*, de là tout le malaise qui remue la société jusqu'au fond de ses entrailles. Il faut seulement s'entendre sur la valeur de cette expression. On reconnaît sans peine que vos travaux politiques et militaires vous ont empêché d'étudier les socialistes, et que vous vous êtes contenté des on-dit qui circulent dans les régions où l'on n'a pas cru leurs doctrines dignes d'autre chose que de la flétrissure. Vous avez l'air de croire, et je suis certain que c'est de bonne foi que vous êtes dans l'erreur, que par *répartition* l'on entend *partage*, que les socialistes veulent mettre en un bloc toutes les richesses existantes et les *partager* entre tous les citoyens. Permettez-moi de le dire, M. le maréchal, rien de plus absurde que cette opinion : les rêveurs philantropes et les démagogues ont aussi bien que les économistes de l'ancienne éco'e étudié la théorie de la production des richesses, et ils savent qu'il n'y a de richesse que par le travail, mais ils n'entendent pas par richesse comme les économistes malthusiens, les produits destinés à l'échange, devant faire affluer par la voie du commerce le numéraire dans la caisse du marchand ou du chef d'industrie, sans s'inquiéter si, au dessous, il n'y a pas des familles laborieuses qui meurent dans la misère. C'est pourquoi, d'après les théories de ces mêmes économistes, la nation qui a exporté ou échangé pour cent millions et a amené chez elle le numéraire étranger, est plus riche que celle qui ne trouve que vingt millions pour résultat de sa balance commerciale. Les rêveurs philantropes et les démagogues, ne regardent comme *richesses véritables que celles produites par le travail*, et se composant de tout ce qui est nécessaire aux besoins de tous, réparti entre tous dans les proportions les plus équitables ; ils ne regardent pas la balance commerciale comme la pierre de touche de la richesse d'une nation, parce que la *répartition* les préoccupe autant que la production. Aussi, regardent-ils l'Angleterre, dont le commerce immense embrasse tout le globe, comme la plus misérable de toutes les nations

parce que c'est chez elle que le prolétariat revêt les formes les plus dégradantes et que la *répartition* est la plus inégale. Il ne s'agit donc pas de *partage* ni de richesses préexistantes au travail, mais tout simplement d'une *meilleure et plus équitable répartition des richesses produites par le travail.*

§ 4.

On ne saurait trop s'étonner que les yeux ne soient pas frappés de cette vérité écrite, pour ainsi dire, sur toute la surface du sol : qu'il n'y a de richesses que celles qui sont produites par le travail de chaque jour, de chaque année ; que les richesses produites, fruit du travail aussi, sont infiniment minimes, en raison des besoins d'une société de trente-six millions d'âmes ; que, lors même qu'on les prendrait à ceux qui les possèdent pour les distribuer à ceux qui ne possèdent pas ou presque pas, on n'améliorerait point la situation des derniers ; que, loin de là, on les appauvrirait. La terre seule, étant créée par Dieu, pourrait paraître, au premier aperçu, une richesse préexistante au travail et appartenant à tout le monde. L'idée était vraie au moment de la création, à cela près que la terre n'est pas, par elle-même, une richesse dans la véritable acception du mot ; ce n'est qu'une vaste arène pour le travail de l'homme civilisé. Dans son état primitif, elle ne pouvait nourrir que quelques hommes sauvages avec les fruits et les racines des forêts. *La valeur qu'elle a aujourd'hui, c'est le travail qui la lui a donnée.* Que de siècles, que de capitaux, que de sueurs il a fallu enfouir dans son sein pour la faire ce que nous la voyons ! L'un de nos plus savants agronomes, M. de Dombasle, a proclamé une vérité qui, à elle seule, peut combattre l'odieuse et absurde assertion de quelques-uns de nos réformateurs, à savoir, que la propriété est un vol. « La terre, a-t-il dit à propos de la colonisation de l'Algérie, n'a d'autre valeur que celle qu'on lui donne par les capitaux, bras ou écus, qu'on lui applique avec intelligence. » Cela est reconnu de tous les agronomes quelque peu observateurs. Ils disent : « La terre n'est qu'une matrice, un moule ou un instrument de travail. Si l'on calculait tout ce qu'ont coûté les propriétés rurales pour les mettre en rapport, non pas depuis que l'homme cultive, mais seulement depuis deux siècles, on trouverait une somme fort supérieure à la valeur actuelle des propriétés. » On n'entend parler ici que des travaux extraordinaires, fondamentaux, tels que les défrichements, les desséchements de marais, l'extraction des rochers, les transports de terre et d'amendements minéraux, les plantations d'arbres et de vignes, les constructions rurales, et enfin les bestiaux et les instruments aratoires. Il faut en excepter les cultures ordinaires annuelles, qui sont remboursées par les récoltes.

RÉPONSE.
§ 4.

Vous avez cent fois, mille fois raison, M. le maréchal, et nous sommes parfaitement d'accord ; il n'y a, comme vous le dites, de richesses que celles qui sont produites par le travail de chaque jour, et même ces richesses, comme vous le dites encore, sont trop minimes pour notre société de 36 millions d'habitants. C'est pourquoi il **y** a des millions de nos frères qui ne mangent que du sarrazin, de l'orge, de l'avoine, des châtaignes, des pommes de terre, quand ils devraient manger du pain de froment ; c'est pourquoi beaucoup de paysans ne connaissent pas l'usage de la viande, et beaucoup n'ont ni vêtements, ni chaussures. Mais quand vous revenez à votre premier dire, qu'on n'améliorerait pas le sort des pauvres en leur distribuant les dépouilles de ceux qui possèdent, vous retombez dans votre erreur favorite ; car, encore une fois, il ne s'agit *ni de dépouiller, ni de partager.* Nous ne voulons que demander à la terre et à l'industrie tout ce qu'elles peuvent donner, et effectuer sur des bases meilleures, la répartition des produits, afin que tant de millions de déshérités qui travaillent tout le jour à créer ces richesses naturelles, soient mieux nourris, mieux vêtus et plus humainement partagés ; et nous avons la conviction que l'application de la doctrine de l'association aura pour effet de tripler au moins les produits.

Nous ne remontons pas si haut que vous pour examiner l'origine des richesses que vous appelez préexistantes, car pour nous comme pour vous, la terre n'est qu'une vaste arène pour le travail de l'homme ; mais seulement nous, nous voulons faire une plus large part à ceux qui mettent en produit cette vaste arène.

Nous nous entendons avec M. de Dombasle et avec vous quand vous n'attribuez d'autre valeur à la terre que celle que l'homme lui a donnée ; mais nous ne sommes plus d'accord quand nous voyons que le capital qui sert à faire agir les bras qui produisent, absorbe tout le bénéfice et qu'il ne reste rien ou presque rien pour le travailleur, que la prolongation d'une vie misérable.

§ 5.

Je demanderai aux hommes qui ont l'incroyable audace de proclamer que la propriété est un vol, si le prix de la semaine ou du mois du simple ouvrier n'est pas quelque chose de sacré ? Ils me répondront certainement qu'il n'y a rien de plus sacré au monde. Eh bien ! le travail des mois, des années, des siècles, qui a constitué la propriété ce qu'elle est, n'est-il pas aussi respectable que le travail d'une semaine ou d'un mois ? Cessez donc vos blasphèmes contre la propriété ; au lieu de dire que le premier qui a clos un champ et l'a défriché était un fou ou un scélérat, bénissez-le, honorez-le, respectez son œuvre ; car, sans cela, l'espèce humaine aurait péri, ou, clairsemée sur le sol, elle serait plongée dans la plus profonde misère.

RÉPONSE.
§ 5.

Le socialiste qui le premier a formulé d'une manière paradoxale en apparence la nature de la propriété, n'a pas voulu, certes, attaquer le salaire ou le bénéfice qui est le produit du travail ; il a seulement qualifié de vol, dans l'aception d'appropriation contraire au bonheur de tous, ce qui n'est pas le fruit du travail personnel : car il est, comme tous les prétendus penseurs, les rêveurs philantropes et les démagogues, l'apologiste du travail. Il veut que l'homme acquière par cette voie les choses nécessaires à son bien-être et à celui de sa famille ; mais il ne comprend pas, et nous sommes de son avis, qu'un homme soit en naissant affranchi de l'obligation du travail, parce qu'il possédera par suite d'héritage ou de transmission à un titre quelconque, le capi-

tal, le revenu ou les instruments de production qui serviront à engraisser son oisiveté. Il veut que personne ne puisse être affranchi de l'obligation de travailler, et il reconnaît une source honorable à tout ce qui est le fruit du travail. Il faut, pour compléter sa pensée, qui est la nôtre, ajouter que celui qui a par son travail acquis une fortune quelconque, doit supporter les charges de la société dans la proportion de cette fortune, de là la moralité de l'impôt progressif sur les propriétés immobilières et les revenus.

§ 6.

Je crois avoir déjà démontré qu'il n'y a pas de richesses préexistantes au travail, puisque la terre elle-même n'est devenue une richesse que sous la main active de l'homme. Il est également vrai que la richesse créée n'est rien, que ce qui se crée par le travail de tous les jours, de tous les ans, a seul une grande importance. Les principales richesses d'une nation sont :

1° Les produits de la terre, qui nourrissent l'homme et lui fournissent les matières premières pour se vêtir ;

2° Les objets fabriqués, qui l'habillent et lui donnent les commodités de la vie.

RÉPONSE.
§ 6.

Oh ! cette fois, M. le Maréchal, nous sommes tout-à-fait d'accord et nous entendons comme vous, la véritable richesse ; oui ; ce sont *les produits de la terre qui nourrissent l'homme et lui fournissent les matières premières pour se vêtir ; ce sont les objets fabriqués qui l'habillent et lui donnent les commodités de la vie.* En formulant ainsi votre théorie de la véritable richesse, vous n'établissez ni exclusion, ni privilége de caste, vous entendez sans doute, comme nous, que le bonheur de la société ne sera complet que quand tous les citoyens valides, y arriveront par le travail, les enfants, les infirmes et les vieillards devant recevoir de la société ce qui est nécessaire à la vie, les uns jusqu'à ce qu'ils puissent lui rendre ce qu'il en ont reçu, les autres jouissant du droit de vivre qui leur est acquis par leurs travaux antérieurs.

§ 7.

Eh bien ! y a-t-il des aristocrates qui détiennent dans leurs mains les cent quarante millions d'hectolitres de tous grains, les quarante millions d'hectolitres de vin, la laine, le chanvre, le lin, la viande, l'huile, etc., que la France doit produire et consommer en 1849 ? Y a-t-il d'autres aristocrates qui détiennent les meubles et les étoffes pour la consommation de la France pendant un an ? Non, il faut que tout cela se produise par le travail incessant de tous ou presque tous. Si le travail s'arrêtait seulement pendant quelques mois, la nation mourrait de faim et serait nue, car elle n'a pas, dans les richesses produites, les avances nécessaires pour suppléer à ce chômage.

RÉPONSE.
§ 7.

Ici, nous sommes en desaccord, peut-être pourtant, n'y a-t-il entre nous qu'une discussion de mots ? Les grains, le vin, la laine, le chanvre, le lin, la viande, sont le fruit du travail de tous les agriculteurs qui les produisent en fécondant de leur sueur des champs qui ne sont pas à eux , et cela contre un mince salaire. Tant que ce salaire leur permet de se procurer toutes ces choses, ils peuvent se nourrir et se vêtir ; mais dès que ces ressources leur manquent, le fermier garde son grain , sa laine, son chanvre, son lin, le vigneron garde son vin , le boucher, sa viande et la misère existe pour le producteur seulement. Ils détiennent encore leurs produits quand ils n'ont pas d'acquéreur solvable ou quand le prix de vente ne leur convient pas; ainsi les accapareurs possèdent d'immenses greniers qu'ils n'ouvrent pas à une population affamée si elle ne peut acheter leurs céréales au cours élevé dont ils sont cause, et les vendeurs refusent leurs produits à ceux pour qui s'est arrêtée la source du salaire, et qui sont cependant les uniques leviers de la production. Voilà justement ce que les socialistes veulent empêcher, voilà l'iniquité qu'ils veulent travailler à détruire. Puisque, comme vous le dites si bien , un travail incessant est la source de toutes les richesses, que tous les citoyens travaillent, et que tous ceux qui travaillent, trouvent par leur activité la satisfaction de leurs besoins ?. .

Un fait digne de remarque et qui prouve l'immoralité de notre système de morcellement agricole et industriel, de l'égoïsme de notre organisation sociale et des vices de l'isolement des membres de la société , est le phénomène qui se produit à deux époques opposées, en dépit de votre remarque si juste sur le *minimum* de richesses produites : dans les années d'abondance, l'agriculteur est malheureux parce que les prix sont trop bas , et dans les années de mauvaise récolte, les produits ne satisfont pas à la demande et les prix, quelqu'élevés qu'ils soient, ne peuvent indemniser l'agriculteur de ses pertes , qui résultent de la petite quantité des produits ; il en est de même du vigneron, qui est constamment malheureux. Une récolte moyenne, par conséquent insuffisante pour les besoins de tous, est celle qui convient le mieux à l'agriculteur. Comment concilier cette opposition d'intérêts entre le producteur et le consommateur ? C'est une preuve des inconvénients du mode de production et de répartition actuel des richesses.

§ 8.

Supposons qu'on la dispense de ce travail incessant. Améliorerait-on son sort en lui partageant la richesse déjà créée, c'est-à-dire la terre, les maisons, l'argent, tour ce que possèdent ceux qu'on appelle les riches ? Examinons.

RÉPONSE.
§ 8.

Vous faites, M. le Maréchal, une supposition inadmissible et dont vous ne trouverez la formule dans aucun des écrits des rêveurs philantropes et des démagogues, puisqu'ils veulent, eux, que tous les citoyens soient astreints à rendre à la société des services effectifs par le travail. Quant au partage, je vous ai déjà dit qu'il n'en est pas question, ainsi , passons condamnation là-dessus. Je regrette seulement de voir un homme de sens comme vous, ajouter foi à ces inventions calomnieuses.

§ 9.

Combien sont-ils, ces riches contre lesquels on allume si imprudemment la colère du peuple ? Votre ancienne loi électorale peut vous le dire : vous aviez deux cent vingt mille électeurs payant 200 francs d'impôt et au-dessus. La plupart sont pauvres. La propriété, représentée par 200 f. d'impôts , est souvent grevée d'hypothèques pour une grande partie de sa valeur; dans tous les cas, elle alimente une nombreuse famille, et c'est tout au plus si, parmi ces deux cent vingt mille électeurs, on trouverait soixante mille familles pouvant avoir du luxe, du superflu. C'est égal, considérons ces deux cent vingt mille électeurs comme riches, et, au lieu de les spolier graduellement, ainsi que l'entendent certains économistes, par l'impôt ordinaire progressif, par l'impôt extraordinaire, qui n'atteint qu'eux, par leurs droits de succession progressifs, prenons-leur tout d'un coup la totalité de ce qu'ils possèdent, et distribuons leurs dépouilles aux trente-quatre millions d'individus qui, ne possédant pas ou ne possédant que très-peu, vivent presque entièrement de leur travail journalier. Que sera-ce pour chacun ? Une fort chétive somme, qui ne les dispensera pas d'un jour, d'une heure de travail. Leur situation sera-t-elle améliorée? Je dis qu'elle sera empirée : ces deux cent vingt mille *riches* qu'on aura dépouillés, qu'étaient-ils? Les directeurs, les propagateurs du travail. Les capitaux avec lesquels ils alimentent l'industrie, étant disséminés dans toutes les poches, n'auront plus la puissance de créer le travail. C'est comme un levier qu'on aurait coupé en plusieurs tronçons, il ne peut plus soulever le fardeau. La société, privée de l'intelligence des directeurs et du grand moteur de l'industrie, le capital concentré, tomberait dans le marasme ; elle descendrait à un état pire que celui des Arabes, lesquels du moins ont pour eux l'espace, qui leur permet de nourrir de nombreux troupeaux. Voilà ce que l'on gagnerait à la ruine de cette bourgeoisie contre laquelle on excite les simples travailleurs, au lieu de leur faire comprendre qu'il y a entre eux et la bourgeoisie communauté complète d'intérêts, réciprocité de services; que la bourgeoisie n'est pas une caste privilégiée, que c'est une partie du peuple lui-même, qui s'est élevée par le travail ; que les artisans entrent tous les jours dans la bourgeoisie, pendant que des bourgeois, par suite des vicissitudes du commerce et de l'industrie , rentrent aussi tous les jours dans la classe d'où ils étaient sortis. C'est là le mouvement naturel et providentiel de la société, car c'est le désir de s'élever et de rester dans les rangs de la bourgeoisie qui crée l'émulation, la vie sociale.

RÉPONSE.
§ 9.

Vous seriez-vous , car le doute me vient à l'esprit , placé à dessein sur ce terrain rebattu, pour décrier plus facilement les doctrines sociales? C'est un moyen indigne de vous et je n'y puis croire. On n'*allume pas contre les riches la colère du peuple*, on ne veut pas les *spolier graduellement*. Ces expressions prouvent seulement que vous êtes l'antagoniste de la répartition des charges dans la proportion des revenus; vous ne vous refuserez cependant pas à reconnaître qu'il est juste que le capitaliste paie sa part de l'impôt , puisque le propriétaire la paie bien ? Vous avouerez que quand la propriété foncière est grevée par des hypothèques ruineuses, il est injuste de faire payer au propriétaire qui ne possède que le quart de sa propriété, les impôts des trois quarts qui ne lui appartiennent pas , tandis que le capitaliste qui touche l'intérêt qui lui est dû pour ces trois quarts, ne verse pas un centime dans le trésor public ? Vous devez voir qu'en demandant *non la spoliation des riches , mais qu'ils paient une part proportionnelle à leur revenu*, afin de dégrever celui qui a déjà peine à vivre , nous ne défendons pas une thèse barbare , mais que nous nous servons de la logique du bon sens ?

Quant au partage, je ne puis trop répéter qu'il n'en est pas question, c'est une absurdité qui n'est venue à l'esprit de personne. Nous savons tout aussi bien que vous ce que produirait la répartition générale de la fortune publique. Nous ne voulons même pas *déconcentrer le capital*, seulement nous refusons au capital une domination absolue sur les terres, sur les immeubles de tous genres, sur l'industrie, sur le travail et sur le salaire. Nous trouvons le prix de l'argent trop élevé, et nous pensons que la terre, produisant 3 p. 0|0 seulement , paie trop cher le capital quand il lui coûte 8 à 10 p. 0|0. Nous aimerions que le loyer du capital fût d'accord avec le produit du sol.

Vous trouvez tout naturel que le bourgeois retombe, par suite des vicissitudes de la fortune, dans la classe des prolétaires, et que le prolétaire entre dans la classe des bourgeois. Toutefois, le nombre de ces derniers est bien restreint, puisque vous ne comptez que 220,000 bourgeois riches, tandis qu'is y a 16 millions de travailleurs pauvres. Nous ne sommes pas partisans de ce jeu de bascule ; nous voulons, au contraire, que cette extrême élévation et cette extrême détresse deviennent impossibles, et que le travail suffise aux besoins de tous. Le travail, entendez-vous , M. le maréchal, et le travail producteur de la richesse, telle que vous l'avez définie au § 6.

§ 10.

Si, à Dieu ne plaise, les théories socialistes promenaient sur la nation un niveau qui ne peut être que celui de la misère, croit-on que cette égalité du malheur durerait longtemps ? Non ; la force des choses concentrerait de nouveau les capitaux dans les mains les plus actives, les plus intelligentes , et, pour le bien de tous, nous aurions encore des chefs du travail. *La masse des hommes a besoin d'être conduite.* Je sais bien que les socialistes me répondront que la diffusion des capitaux dans toutes les poches, loin d'être un obstacle au travail, serait au contraire un bienfait pour l'humanité. Les capitaux se concentreront par l'association des ouvriers, et ceux-ci, au lieu d'être exploités par le possesseur unique du capital, jouiraient de tout le fruit de leur travail. Cette théorie vaut assurément la peine d'être étudiée, car elle serait admirable si elle pouvait être généralement appliquée , si elle produisait les avantages matériels, moraux et politiques, qu'on en attend ; mais , avant de la discuter, constatons d'abord qu'on ne pourrait diviser entre tous les capitaux créés sans commettre la plus odieuse des spoliations, puisque tout capital vient du travail. On ne changerait pas la nature de cet acte en l'appelant une *révolution sociale.* — La mesure est-elle juste ? dit Aristide à Périclès. (Thémistocle !) — Non, répondit celui-ci ; mais elle est utile au salut de la république. — N'importe, elle est mauvaise, puisqu'elle est injuste.

RÉPONSE.
§ 10.

Pourquoi ces paroles d'anathème ? Vous croyez donc sérieusement qu'il soit possible qu'il y ait plus de misère en-

core avec des institutions qui établiraient la production et la répartition sur des bases meilleures ? Vous-même avouez (§ 2) qu'il y a des *misères trop fréquentes*, vous avouez (§ 4) que les *richesses produites, fruits du travail, sont infiniment minimes en raison des besoins d'une société de 36 millions d'hommes*. Que vous faut-il de plus ? Croyez-vous que les socialistes, qui, les premiers , sans acception de nuances dans les doctrines, ont fait le tableau le plus vrai et le plus saisissant des misères du peuple , aient moins de sagacité que vous , pour que vous les accusiez de vouloir passer sur tous les citoyens le niveau de la misère ? Il semblerait qu'en écrivant ceci, M. le maréchal, vous vous êtes retranché dans vos idées d'antagonisme contre les théories des socialistes, sans les laisser arriver jusqu'à vous, et que vous vous êtes proposé de les battre en brèche , à tort ou à raison, en employant tous les arguments bons ou mauvais qui vous tombent sous la main. Vous frappez de taille et d'estoc, les yeux fermés, sans vous apercevoir que la plupart de vos coups portent dans le vide , et que de temps à autre , vous vous frappez sur les doigts.

Vous voulez des capitaux concentrés , et nous aussi ; mais concentrés dans un but d'intérêt général et non de cupidité privée.

Vous voulez qu'il y ait des chefs du travail, et nous aussi ; car comme vous nous savons que les hommes ont besoin d'être conduits ; mais ces chefs du travail qui doivent présider à l'emploi des capitaux et des forces dans l'intérêt de la production, sont les bons pasteurs de l'Evangile qui se sacrifieraient pour leurs brebis, et non ces loups dévorants qui dépouillent jusqu'à l'agneau naissant de sa toison légère.

Vous avouez que la théorie de l'association des forces serait admirable si elle pouvait être généralement appliquée ; mais vous êtes arrêté par cet épouvantail du partage des capitaux qui se dresse devant vous comme le spectre de Banco ; et comme vous en concluez que cette spoliation est injuste, vous déclarez que l'association tout admirable qu'elle est, est impraticable. Votre prévention vient d'abord de l'idée du partage et de la spoliation qui est votre grand cheval de bataille , et cela, parce que vous êtes , comme la plupart des adversaires du socialisme, le champion de la liberté individuelle ; que vous refusez à l'Etat le rôle d'initiateur, tandis que nous, nous posons pour limites infranchissables à la liberté individuelle le point où elle est contraire au bonheur général , et que nous regardons au contraire l'Etat comme le régulateur, l'initiateur et le concentrateur de tous les agents propres à tirer de l'association générale les fruits qu'elle est capable de produire , dans le but d'un nivellement, non pas par la misère et la spoliation, mais par le bien-être.

§ 11.

Aurait-on du moins ici l'excuse de l'utilité ? Nous allons voir. Distinguons bien, au préalable, le but pécuniaire : en réalité, après la spoliation des riches, il ne s'agit plus que de partager entre les ouvriers le bénéfice qu'est censé faire le chef de fabrique ou d'atelier. Il ne peut y avoir un autre avantage matériel ; voyons si cet avantage est assez considérable pour qu'on l'achète par une révolution sociale et industrielle qui peut couvrir la France de misère et de sang.

RÉPONSE.
§ 11.

Nous abordons avec vous, aussi franchement que vous,

la solution du problème de l'association, et nous voulons, comme vous, qu'elle se réalise si elle ne doit pas couvrir la France de misère et de sang.

§ 12.

Y a-t-il toujours bénéfice pour le chef d'atelier et quel est ce bénéfice? Tout le monde sait que souvent on perd au lieu de gagner, et l'on voit tous les jours des fabricants se ruiner. Mais, quand on fait bien ses affaires, que gagne-t-on ? Ne sait-on pas que, dans une foule d'entreprises par actions, le dividende des actionnaires est à peine de 3 à 4 pour 100, souvent de moins, et quelquefois de rien du tout. Je connais plusieurs fabricants qui travaillent pour leur propre compte et emploient cinq cents ouvriers ; ils s'estiment fort heureux, après avoir prélevé l'intérêt du capital engagé, quand ils ont un bénéfice de 6 ou 8,000 fr., comme salaire de leur industrie et de leur intelligence, comme indemnité des risques qu'ils ont fait courir à leur capital, à l'existence de leur famille. Ce bénéfice, fort incertain, que serait-il pour chacun des cinq cents ouvriers ? Supposons-le certain et en moyenne de 6,000 francs, ce serait 12 francs pour chacun. Voilà l'énorme exploitation que le chef d'atelier, quand il est heureux, pratique sur chacun des travailleurs ; voilà l'immense conquête que les théoriciens socialistes offrent en perspective à l'ambition du peuple, au prix de tous les hasards d'une réforme périlleuse ! Douze francs à conquérir en ruinant leurs frères, et peut-être en versant leur sang !

RÉPONSE.

§ 12.

Comme vous, M. le maréchal, nous regardons le partage des bénéfices ou d'une part des bénéfices du chef d'industrie avec les ouvriers qui ont concouru à les produire, comme une amélioration d'un ordre secondaire, sans penser que ce soit là le remède au malaise social. Quant aux spéculateurs qui ne retirent que 3 à 4 pour 100 de leur argent dans les entreprises par actions, nous ne nous occupons pas de ce mode de placement qui n'est pas un travail ; et nous sommes, comme vous, convaincus que les entreprises par actions sont presque toujours ruineuses pour les commanditaires, et lucratives, seulement, pour les commandités. Quant au chef d'industrie à qui vous vous bornez à faire réaliser un bénéfice net de 6,000 fr., l'intérêt de son capital préalablement retiré, laquelle somme vous lui faites généreusement distribuer entre ses ouvriers, sans qu'il lui reste même une petite part dans ce bénéfice, il me semble que vous le traitez d'une manière fort mesquine, ou vous avez pris vos chiffres près d'un chef d'industrie ruiné ou bien près de l'être. Cet exemple spécieux, choisi parmi les faits exceptionnels, mérite un examen sérieux. J'adopte votre base : un chef d'industrie emploie 500 ouvriers qui, en travaillant pendant 300 jours, fournissent 150,000 journées, lesquelles à 3 fr., font 450,000 fr. de déboursés, rien que pour la main-d'œuvre. Admettez-vous qu'un chef d'industrie puisse se contenter de 6·1|4 p. 0|0 brut et continuer ses affaires quand il lui faudra prélever sur cette somme 1 1|4 pour ses ouvriers, et qu'avec les 5 p. 0|0 restants, intérêt du capital engagé, il lui faudra couvrir ses pertes éventuelles, renouveler ses instruments et machines hors de service ? Quel avantage cet homme qui donne si généreusement tout le bé-

néfice qui excède l'intérêt de son capital, trouve-t-il à s'exposer à des chances de perte pour ne pas tirer de son argent plus qu'en le faisant valoir d'une manière moins compromettante et exempte de tout souci. Pour ce modique profit, nul ne serait tenté de se lancer dans la carrière industrielle quand même ce 1 1|4 p. 0|0 (0 fr. 3,03 par ouvrier) lui resterait comme bénéfice. — Il lui faut au moins 5 p. 0|0 net par ouvrier et par journée, l'intérêt du capital prélevé, pour qu'il puisse continuer son exploitation; car à la moindre perte il sera obligé de prendre sur son capital pour la réparer. Je n'entre dans ces détails que pour réfuter l'exemple que vous avez choisi parmi les plus mauvais, pour éveiller la sympathie du travailleur en faveur du chef d'industrie, et lui faire croire que sa condition est cent fois préférable à celle de son maître.

Après vous avoir concédé que cette association des travailleurs avec le chef d'industrie est un simple palliatif, je vous opposerai un exemple de bénéfices importants réalisés par cette voie. M. Leclaire, entrepreneur de peinture, s'est présenté comme candidat à l'Assemblée nationale avec une profession de foi plus éloquente que les discours les plus savamment écrits ; il a exposé le résultat de 12 années de pratique de l'association des travailleurs avec une part dans les bénéfices de son entreprise, et il a prouvé que la moyenne de la part de chacun était d'au moins 300 fr. pour cinquante ouvriers seulement. M. Manoury du Petit St-Thomas, réalise chaque année de 150 à 200,000 fr. de bénéfice net et n'emploie certes pas 500 personnes, votre supposition de 12 fr. est donc fausse.

Ajoutez à ce résultat l'avantage de relever par l'association l'ouvrier à ses propres yeux et d'établir une solidarité réelle entre le chef d'industrie et ses ouvriers, ce qui exciterait puissamment leur émulation.

Vous voyez, M. le maréchal, que vous vous êtes montré trop sévère dans votre jugement ; et tout en partageant votre opinion sur l'efficacité absolue du remède, je suis convaincu qu'il y aurait, pour les travailleurs, amélioration dans leur position si une part des bénéfices était versée dans une caisse commune à tous, pour être répartie entre les plus nécessiteux quand le besoin s'en ferait sentir.

En continuant d'admettre votre résultat de 12 fr., nous voyons que si les 100,000 travailleurs de Paris versaient cette somme minime dans une caisse commune, il y aurait à la fin de la première année 1,200,000 fr. ; et croyez-vous que cette somme serait infructueuse, si elle était bien employée? Que serait-ce donc si, par une association universelle, un mutuélisme bien entendu, on établissait une solidarité réelle entre *tous* les travailleurs?

§ 13.

Ne vaudrait-il pas mieux que les ouvriers, au lieu de s'exposer à toutes les chances qui annulent souvent le dividende et le capital, plaçassent à intérêt leur part du capital de la société et reçussent un salaire librement débattu, proportionné à l'état des affaires ? Dans la fabrique que j'ai prise pour base de mon argumentation, il doit y avoir un capital d'au moins 400,000 francs, ce qui serait 400 fr. pour chacun des associés. Ne serait-il pas plus sage d'accroître ce capital d'une manière certaine par l'intérêt composé, par l'économie sur le salaire fixe, jusqu'à ce qu'il fût assez gros pour entreprendre une petite industrie ou acheter une propriété?

RÉPONSE.

§ 13.

Vous rentrez dans le système des caisses d'épargne, des économies péniblement amassées , et vous continuez l'individualisme que les socialistes s'efforcent de remplacer par la solidarité. En examinant froidement le résultat de l'association entre les ouvriers, nous reconnaissons qu'elle est moins avantageuse en industrie , où les chômages prolongés et les non-valeurs, sans compter les pertes éventuelles, peuvent absorber le fonds social, qu'en agriculture, où le travail humain fait toujours produire à la terre en raison directe de l'activité des travailleurs et du nombre des bras employés, témoin les avantages de la petite culture sur la grande; et notez bien ceci, Monsieur le Maréchal, c'est que, frappés des maux causés par la grande industrie, nous ne voyons de salut réel pour la société tout entière que dans l'agriculture, vers laquelle nous voudrions voir refluer les bras qui s'énervent au sein des ateliers.

Quant à la création d'établissements de petite industrie, lorsque le capital du travailleur sera assez fort pour lui permettre d'y songer, vous en revenez à l'industrie morcelée et vous substituez la concurrence des petits industriels à celle des grands chefs d'industrie, ce qui ne remédie guère au mal. Vous êtes dans la voie de l'école économique du baron de Morogues, qui voulait substituer l'industrie et l'agriculture morcelées aux grandes entreprises. Notre but est différent : nous voulons, au contraire, faire cesser le morcellement, concentrer toutes les sources de la production, en élevant les travailleurs à l'état d'associés.

L'acquisition d'une propriété rentre dans les idées des économistes de caisses d'épargne. Je vous demanderai seulement quand l'ouvrier des villes peut-il acheter une propriété, petite ou grande?

§ 14.

Mais , diront les partisans de l'association, les ouvriers étant associés, travailleront avec plus d'ardeur et ils produiront davantage; le capital et les intérêts collectifs seront mieux administrés, parce que les travailleurs choisiront à l'élection les plus capables d'entre eux pour administrateurs. Que d'illusions dans ce peu de lignes ! quelle ignorance du cœur humain et des faits signalés chaque jour dans toutes les industries ! Il n'y a que les hommes qui ont passé leur vie dans le cabinet qui puissent avoir de pareilles idées. Présentez-les à un bon paysan, à un artisan laborieux, intelligent, et leur bon sens naturel suffira pour les juger. On pourra les faire admettre à des savants sans expérience ; elles trouveront rebelles tous les bons ouvriers.

RÉPONSE.

§ 14.

Les partisans de l'association sont loin de partager votre opinion, et ils voient dans ce système une garantie de sécurité et de bien-être qu'ils ne trouvent pas dans l'explcitation. Des essais sont à tenter pour réaliser cette idée que vous avouez être admirable; et dont les obstacles, que je ne cherche pas à dissimuler, sont l'absence d'une éducation qui ait accoutumé les travailleurs à l'idée de solidarité. L'antagonisme et la concurrence ruinent souvent les entreprises particulières et les associations partielles, qui ne manqueraient pas de réussir si tous les ouvriers d'une même profession se réunissaient pour l'exploiter en commun, et que toutes les corporations ouvrières, associées de même, établissent une caisse commune pour venir au secours des infortunes partielles.

Ce que vous combattez comme impraticable ne présente de difficultés réelles qu'en petit; mais en grand, il en est autrement. Vous conviendrez que l'union de tous les travailleurs changerait la face des choses.

Vous m'objecterez les difficultés d'astreindre à un travail soutenu les débauchés, les paresseux, etc. Mais les mêmes mesures coercitives peuvent être employées contre eux, tant dans l'association générale que dans l'industrie d'exploitation, et avec plus d'efficacité, puisque le contrôle de chacun des associés forcerait les plus récalcitrants à rentrer dans le devoir et à partager l'activité commune.

En y réfléchissant mieux, vous verrez que ces associations seraient le plus puissant moyen de moralisation ; mais, encore une fois, nous ne voyons de succès possible que quand nul ne se soustraira à l'association et ne fera une concurrence ruineuse à la société, par l'exploitation isolée ou l'industrie morcelée.

Le grand obstacle de l'association industrielle est le chômage, qui ne pèse que sur les travailleurs. Dans le système d'exploitation actuelle, le chef d'industrie renvoie ses ouvriers dès que les travaux cessent ou diminuent, et ses frais cessent avec le travail, tandis que les associés ont droit à un salaire, quand même les travaux seraient suspendus : c'est là la véritable pierre d'achoppement de l'association. Cette difficulté disparaît par la création d'une caisse de secours formée par tous les ouvriers, dont les chômages ne se trouvent pas en même temps, et qui pourront , par des versements modiques mais continus, se mettre réciproquement à l'abri de la détresse. Le remède au mal est donc dans l'association générale : aussi les tentatives infructueuses ne peuvent-elles être attribuées qu'à des essais en petit, au milieu d'éléments de désorganisation et de concurrence.

§ 15.

Je n'examinerai pas la question de l'égalité des salaires dans l'association ; il n'y a rien à en dire. Cette question a été jugée dans nombre d'écrits et par tous les ouvriers intelligents. Mais , si on repousse l'égalité des salaires comme contraire à la justice et au cœur humain, comment l'association réglera-t-elle la graduation des prix du travail en raison de l'activité, de l'intelligence et du savoir-faire? Dans l'ancienne organisation, car il y en avait une, quoi qu'on en dise, chaque ouvrier débattait librement cette question avec un seul intéressé, le chef de fabrique. Ici il faudra délibérer avec tous les associés et se soumettre à la majorité, ou bien la difficulté sera réglée par un conseil d'administration. Dans l'un ou l'autre cas , il y a là des montagnes de mécontements, de jalousies et de discordes. Cela seul suffirait pour dissoudre l'association.

RÉPONSE.

§ 15.

La question d'égalité de salaire, résolue en pratique par le travail à la journée, a été jugée d'une manière défavorable, parce qu'elle a été posée d'une manière absolue, et qu'elle ne devait se présenter que comme la consécration de l'application du système général d'association. Elle n'est pas inique; mais prématurée. Si vous jetez les yeux sur les diverses professions, vous verrez que les jardiniers gagnent 2 fr. comme garçons, 3 fr. comme premiers garçons ; les menuisiers 3 fr. 50; les manœuvres 2 fr. 25, les compagnons 4 fr. ; les charpentiers 5 fr., etc. Ces prix varient seulement suivant les saisons et l'urgence des travaux ; le prix est cependant le même pour tous. Pourtant ces hommes n'ont-ils pas une force, une intelligence, une activité dissemblables ? Le fait existe, et ne peut être infirmé par aucun argument.

Pourquoi la tâche a-t-elle été établie ? pour empêcher les abus de la journée et permettre à chaque travailleur de tirer à ses risques et périls parti de ses forces et de son intelligence.

Nous nous étonnons de ces clameurs contre l'égalité des salaires puisqu'elle existe dans tous les métiers où le travail se fait à la journée. Aussi ne s'est-on récrié que contre la suppression du travail aux pièces, qui fait varier le salaire suivant la quantité ou la qualité du travail fait. C'est encore une question de temps ; elle a surgi au moment où les travaux avaient cessé par suite de la crise révolutionnaire, et elle n'était encore qu'inopportune.

Si les travailleurs gagnaient assez pour vivre, que des caisses de secours établies entre toutes les corporations les missent à l'abri du besoin dans les cas de chômage, de maladie ou d'infirmités, ils accepteraient sans résistance cette loi commune ; mais livrés sans appui à la concurrence, qui est une lutte corps à corps contre la misère, ils se sont défendus contre l'égalité des salaires comme étant un empiétement sur leurs droits, car la constitution actuelle du travail a fait de chaque profession une arène où triomphent les plus forts et où les faibles succombent.

Quand la vie sera devenue possible par le travail, et garantie par la solidarité, nul ne se récriera de subir la loi de l'égalité des salaires ; mais au point de vue de la société actuelle, c'est une mesure prématurée que le temps seul doit résoudre.

§ 16.

La gestion sera-t-elle du moins économique ? Y aura-t-il des produits plus considérables ? L'unité de direction, après l'intérêt individuel, est assurément la .meilleure garantie d'une bonne gestion ; mais l'esprit démocratique ne permet pas de confier à un seul l'administration des intérêts collectifs. Il y aura donc un conseil d'administration. Supposons-le, et ce n'est guère dans l'ordre des faits probables, composé seulement de trois membres. Croit-on que ces hommes, qui devront être versés dans les opérations commerciales et industrielles, qui devront savoir la comptabilité, ne voudront pas être rétribués en raison de leurs capacités ? Leurs salaires formeront probablement une somme plus considérable que celle que prélevait le chef de fabrique, et ils ne risqueront pas, comme lui, de perdre toute leur fortune. En admettant que ces trois hommes aient une grande probité, croit-on qu'ils porteront à l'accroissement ou à la conservation du capital collectif le même zèle, la même activité que le possesseur unique du capital de la fabrique ? Ce serait bien peu connaître la nature humaine. Ne sait-on pas que les intérêts de l'Etat, qui sont ceux de la nation, sont en général moins bien soignés que ceux des particuliers ? C'est ce qui a fait dire que l'Etat était le plus mauvais entrepreneur.

RÉPONSE.
§ 16.

La gestion sera plus économique parce qu'elle se fera au même titre que le reste des travaux, et qu'un seul gérant, assisté d'un ou deux sous-gérants, suffira pour administrer les affaires de l'association.

En admettant que ce mode d'administration ne soit pas plus économique, comme le but qu'on se propose est de faire passer dans les mains du producteur les bénéfices du chef d'industrie, la question n'est pas de savoir si la gestion sera plus économique, il faut seulement qu'elle ne soit pas plus onéreuse.

Les produits, et par là vous entendez sans doute les bénéfices, car le produit fabriqué sera proportionné à la demande, seront augmentés du bénéfice que fait le chef d'industrie sur les travailleurs, ce qui améliorera notablement leur position.

Quant à l'adjonction d'un conseil d'administration ou de surveillance, elle ne coûtera rien, puisque dans toutes les sociétés de secours entre les diverses corporations, les agents ne reçoivent aucun salaire. C'est un contrôle que chacun exercera à son tour et qui n'absorbera pas le temps consacré au travail, de sorte qu'il ne coûtera absolument rien. On pourrait cependant les indemniser par des jetons de présence, ce qui ne serait guère onéreux pour l'association.

La rétribution de tous les associés sera la même, si le principe d'égalité du salaire est admis par l'association, et il n'y a pas de doute qu'il le soit, s'il est accompagné de garanties pour l'ouvrier.

Le zèle et l'activité des administrateurs seront stimulés par le désir de conserver leur position qui pourra leur être enlevée s'ils se montrent négligents et peu soucieux du succès de l'association ; le contrôle du comité de surveillance servira à les maintenir dans la ligne du devoir, le tout dépendra de l'intelligence et de l'activité de ce comité, qui aura pour mission de ne pas laisser péricliter les intérêts de l'association entre des mains inhabiles.

La comparaison faite entre les associés et l'Etat est inexacte, parce que les intérêts sont différents : les fonctionnaires publics, non responsables, ayant pour chefs des hommes qui ne pensent qu'à s'enrichir aux dépens du peuple, forment une chaîne continue d'exacteurs sans contrôle, préoccupés de leurs intérêts particuliers, et dont la fortune s'accroît en raison inverse des soins qu'ils apportent à administrer avec économie, le trésor ayant été regardé comme une mine inépuisable où chacun cherche à plonger la main le plus avant qu'il peut. On ne peut donc établir entre l'Etat et l'association privée aucune espèce de comparaison. Ayez à la tête des administrations des hommes intègres, que tous les fonctionnaires soient responsables de leurs actes, et vous verrez bientôt le changement qui en résultera pour la nation.

§ 17.

Les ouvriers associés travailleront-ils avec plus d'ardeur et d'assiduité ? Seront-ils stimulés par le sentiment des intérêts communs et par l'espoir d'un dividende ? Tout le monde sait que l'intérêt individuel est beaucoup plus puissant que l'intérêt pour la chose publique ; les faits qui le prouvent surabondent. Le mince dividende promis aux membres de l'association, si toutefois il y en a après les divers prélèvements nécessités par l'application du nouveau système, sera d'autant moins de nature à exciter le zèle, qu'il devra se partager par égales portions. Chacun, dès-lors, s'étudiera à n'en pas faire plus que son voisin ; il n'y aura que peu ou point d'émulation, la production ne pourra manquer de diminuer. Le faible dividende de 12 francs dont j'ai parlé plus haut disparaîtra, et avec lui probablement une partie du capital.

RÉPONSE.

§ 17.

La nécessité de contribuer par son travail personnel au succès de l'association, et surtout les garanties de sécurité et de bien-être qui en résulteront pour chaque associé, ne manqueront pas d'entretenir dans la société ouvrière une activité raisonnable. Il est vrai que nos habitudes d'égoïsme, le sentiment de préférence pour le moi, qui nous a été inculqué par notre éducation, sont en ce moment les antagonistes les plus puissants de l'association ; mais la lassitude de la souffrance, le besoin de mettre fin à l'inconnu qui fait le malheur des classes laborieuses, la confiance dans un vaste système d'association et de solidarité, qui rendra impossible la misère et le dénuement, sont des stimulants assez forts pour inspirer à tous les associés le sentiment de leurs devoirs envers la société à laquelle ils appartiendront. Des règlements sévères mais équitables, consentis par tous, mettront l'association à l'abri du parasitisme, et préviendront les inconvénients qui résulteraient de la présence des frelons dans la ruche laborieuse. Sans parler de la fierté que développera dans l'esprit des associés le sentiment de leur indépendance.

Votre dividende de 12 francs, auquel vous tenez beaucoup, n'est qu'une prophétie de malheur dont vous avez puisé les éléments dans la doctrine pessimiste de l'individualisme, qui vous fait voir l'homme sous un jour injuste et défavorable. Nous ne nous sommes pas nié les difficultés actuelles d'une régénération sociale, en présence d'éléments désorganisateurs fécondés par une société essentiellement corrompue ; mais il existe au milieu de nous des germes de vertus qui ne demandent pour se développer qu'une culture convenable et l'ennoblissement de l'homme par l'indépendance, un des leviers les plus puissants que nous ayons à notre disposition.

§ 18.

Que serait-ce donc si l'association était complète, si on ne fixait pas un salaire, si la part de bénéfice pour chacun était uniforme, si surtout l'État se chargeait de fournir et d'alimenter les capitaux ? Il y aurait alors si peu de stimulants pour le travail, qu'il est naturel de croire que les à-compte, sur le minimum que recevraient les ouvriers pour vivre pendant l'année, absorberaient les bénéfices et une partie du capital. Ce serait ainsi une charge énorme pour l'État, qui devrait renouveler tous les six mois peut-être le fonds de roulement.

RÉPONSE.

§ 18.

Conséquents avec nos principes, nous ne concevons pas l'association à des conditions autres que des titres égaux. Seulement nous ne voulons pas que l'État fournisse les capitaux, et alimente chaque atelier par des versements nouveaux à chaque fois que le besoin de fonds se fera sentir. Nous admettons donc d'abord l'assistance de l'État, l'association générale soutenue par le mutuélisme, la fixation d'un salaire suffisant pour la vie de l'individu et de sa famille, et la répartition sur la somme totale des bénéfices d'une part réservée à cet effet, plus une part versée dans la caisse commune, dans le but de créer une caisse générale de toutes les corporations ouvrières pour venir au secours des industries et des individus en souffrance.

§ 19.

Ces aperçus rapides se compléteront par des faits mieux que par des arguments.

Le travailleur a une grande répugnance pour l'association ; c'est déplorable peut-être, mais c'est un fait qui s'explique aisément. Cela tient principalement à l'inégalité des aptitudes des hommes. On associe facilement les écus, parce que chaque millier de francs a la même valeur productive. Il faudrait qu'il en fût de même des hommes pour que l'association pût s'établir et durer. Dieu ne l'a pas voulu. Aussi les liens du sang, l'amour filial, sont-ils souvent insuffisants pour maintenir l'association du travail dans la famille. Dans les contrées cultivées par des métayers, on voit tous les jours les fils, les gendres se séparer de leurs vieux parents. J'ai souvent recherché la cause de ces séparations, et j'ai pu m'assurer que presque toujours celui qui les provoque, c'est l'homme vigoureux qui ne veut plus s'exténuer et s'imposer des privations pour nourrir des vieillards et des enfants en bas âge. La générosité du cœur humain est rarement assez grande pour que l'on consacre un travail très-dur à l'alimentation d'autrui, on ne fait cela que pour sa femme et ses enfants.

RÉPONSE.

§ 19.

Moins religieux que vous, M. le maréchal, je ne désespère pourtant pas de la cause de l'humanité, et je suis fermement convaincu que la société ne peut subsister que par l'association ; que le but réel vers lequel elle doit tendre est de rendre tous les hommes solidaires. Votre doctrine sur ce point, est immorale comme celle de tous les partisans de l'individualisme. Vous ne reconnaissez qu'à l'argent le privilège de se concentrer par l'association, quant à l'homme, vous le dépouillez de sa plus belle prérogative, celle de multiplier ses forces et ses ressources par la même voie. L'inégalité originelle vous frappe vivement en même temps qu'elle vous plaît. Comme une pièce de 5 fr. est égale à une pièce de monnaie de même valeur et produit autant, vous vous appuyez sur ce fait pour en déduire l'impossibilité où sont les hommes de s'associer, parce qu'avec la dissemblance de forces et d'aptitudes qui se trouve entre eux, ils ne peuvent produire dans des proportions identiques. Le fort, dites-vous, produira plus que le faible, l'intelligent plus que l'inintelligent, partant, pas d'association possible entre eux. Vous méconnaissez la loi de variété dans les aptitudes, qui répond cependant parfaitement à la variété dans les fonctions. Ainsi, certains travaux exigeant plus de patience et d'adresse que de force, conviennent aux faibles et perdraient toute valeur entre les mains des forts ; beaucoup de fonctions indifférentes, qui n'exigent qu'une somme médiocre d'esprit, seraient fort mal remplies par un homme d'une imagination ardente ; tous les hommes peuvent donc, dans une société bien organisée, trouver place pour leurs aptitudes, quelque différentes qu'elles soient, et rendre à la société des services égaux. Les natures vicieuses ou apathiques, les oisifs, tous enfin trouveraient leur place si les fonctions n'étaient pas remplies comme au hasard. Chaque jour la société nous offre l'exemple d'hommes nuisibles aux autres et à eux-mêmes, seulement parce qu'ils ont été détournés de leur vocation. Je vous demande, M. le maréchal, quelle figure vous auriez fait dans le monde s'il avait plu à votre famille de faire de vous un danseur ou un histrion, quel goût auriez-vous apporté dans. cette carrière qui est antipathique à votre nature? Vous vous fussiez raidi contre le caprice de la fortune, et vos inclinations naturelles vous eussent entraîné sur une pente qui vous aurait porté à réagir contre une profession qui vous était antipathique. Il en est de même dans la société moderne; on y élève les enfants dans un but de vanité : les fils des riches sont destinés aux arts libéraux , aux sciences, aux emplois supérieurs, sans que leurs aptitudes aient été consultées , de là tant d'hommes incapables qui occupent la magistrature ou le professorat, et cachent leur nullité sous la toge. En bas, la misère, l'impuissance et la compression obligent des natures ardentes, actives, généreuses, à végéter dans des professions rebutantes, de là le découragement, la démoralisation et l'oisiveté. Notre société, fondée sur l'association de toutes les forces et de toutes les intelligences, dans le but du bonheur commun, et dirigée par les chefs de l'état, a des fonctions pour tous, et donne à toutes les forces et les aptitudes une direction utile à la société.

Comment, M. le maréchal, avez-vous osé formuler d'une manière si désespérante ce § 19, qui consacre la domination de la force brutale sur la faiblesse, et de l'égoïsme sur la générosité ? Comment osez-vous parler de famille, et considérer l'association du père, de la mère et des enfants comme la pierre angulaire de l'édifice social, quand vous *reconnaissez que les liens du sang et l'amour filial sont insuffisants pour maintenir l'association du travail dans la famille ?* Qu'en cherchant les causes de la séparation du fils et des gendres de leurs vieux parents, vous avez reconnu que les causes en étaient à ce que les hommes vigoureux ne veulent plus s'exténuer et s'imposer des privations pour nourrir des vieillards et des enfants en bas âge.

Les législateurs grecs envisageaient la question autrement que les économistes modernes : ils recommandaient le respect de la vieillesse et couronnaient l'amour filial ; dans notre société corrompue par l'égoïsme, il en n'est pas ainsi, la famille est composée d'éléments divers que la cupidité ou le besoin rapproche, ou que les mêmes sentiments désunissent.

C'est justement parce que votre société maudite a consacré l'égoïsme , a laissé dans le dénuement les faibles et les vieillards, que nous voulons, par l'éducation, inculquer à la jeune génération l'amour de l'humanité et soustraire par l'association générale des citoyens laborieux, le fort et le valide à l'obligation de s'exténuer pour nourrir de vieux parents ou une jeune famille, et assurer à ceux-ci une assistance qui ne ressemblera pas à la charité injurieuse de vos philanthropes.

Voici , M. le maréchal , le critérium de notre doctrine : comme vous, nous reconnaissons l'inégalité originelle, et nous sommes convaincus que dans l'application, ces divergences d'aptitudes et de forces peuvent être utilisées, sans qu'il en reste une seule oisive au sein de la société ; mais en admettant même que nous dussions reconnaître que les inégalités entraînent une perte de forces vives, que certaines aptitudes ne peuvent être utilisées, que les hommes forts et vigoureux ne doivent rien aux faibles et aux infirmes, nous établissons en principe le *droit de vivre pour tous sans acception de force ou de faiblesse* ; et l'association générale est la voie de salut dans laquelle nous voulons engager la société, pour établir entre tous les hommes une solidarité véritable : car le fort deviendra faible quand le travail et l'âge auront épuisé sa vigueur ; l'intelligent perdra son activité, et ils auront à leur tour besoin que la génération dont ils n'auront pas protégé l'enfance leur tende une main secourable. Voilà ce que nous voulons réaliser par l'association, sans spoliation ni partage.

§ 20.

L'association pour le travail, dans les cas rares où elle s'établit, ne peut durer qu'autant que les ouvriers ont à peu près la même force, la même activité, la même intelligence. On voit toujours les ouvriers se choisir pour entreprendre un travail en commun ; encore faut-il, pour que l'harmonie se maintienne, que l'entreprise ne soit pas de longue haleine. Un exemple le prouvera ; il m'est personnel, et je dirai en passant que j'ai pratiqué l'association plus, beaucoup plus que nos grands professeurs de socialisme, qui ne la prêchent avec tant d'ardeur que parce qu'ils n'en ont aucune expérience.

RÉPONSE.

§ 20.

On pourrait, en étudiant les petites associations qui se forment au milieu de tant d'éléments qui leur sont hostiles, donner un démenti à vos assertions. Déjà , elles sont établies sur la base d'égalité du salaire, sans exception de force et d'aptitude, l'association Leclaire, celles des tailleurs , des arsonniers, des veloutiers, selliers, etc., sont une preuve que cette idée féconde commence à se développer et à pénétrer dans les classes laborieuses. L'harmonie, loin de naître , comme vous le dites, de la courte durée de l'entreprise , ne peut venir que d'une entreprise de longue haleine, et par l'universalité de l'association.

Les associations modernes présentent, il est vrai, des difficultés plus grandes que celles qui se formeront plus tard, par suite du choix des éléments et de la confiance des associés en la puissance de ce moyen de salut. Aujourd'hui mille obstacles les entourent ; mais quand notre doctrine aura prévalu, ces obstacles s'applaniront et les associations prendront un caractère d'unité qui en assurera le succès et la durée.

§ 21.

Voulant faire un essai de la colonisation militaire, afin de pouvoir appuyer sur des faits les propositions que j'avais à présenter au gouvernement, je fondai autour d'Alger, en 1842, trois villages avec des soldats. L'un, Fouka, le fut avec des libérés ; les deux autres, Méred et Mahelma, avec des hommes qui devaient encore à l'État trois ans de service. Je soumis les colons au travail en commun ; cela était d'autant plus praticable, selon moi, que, jouissant des vivres et de la solde, ils devaient attacher moins d'importance au produit de leur peine. Ce produit devait former un fonds commun, destiné, au bout de trois ans, à faire les frais du mariage et à procurer à tous *uniformément* le mobilier de la maison et de l'agriculture.

Dès cette époque, je connaissais les difficultés de l'association des travailleurs : ma pratique agricole me les avait révélées ; mais j'espérais que la discipline et les habitudes de la vie militaire, qui constituent une sorte de communauté, effaceraient ou du moins atténueraient les inconvénients. « Vous êtes des camarades et des frères, dis-je aux colons; à ce double titre, vous souffririez si à l'époque favorable pour le mariage, quelques-uns d'entre vous n'avaient pas les moyens de s'établir par suite de maladie ou d'autres accidents. » Je remarquai qu'ils reçurent froidement cette proposition, et qu'en réalité ils ne l'acceptaient que par déférence et discipline.

Je fis faire le partage des terres pour exciter l'émulation par l'attrait de la propriété, et chaque colon eut la faculté de travailler un jour par semaine dans son champ. Pendant la première année, il y eut assez de zèle; il ne me parvint qu'un petit nombre de plaintes *contre les paresseux*. Il est vrai que je maintenais l'ardeur et la satisfaction par de fréquents envois de troupeaux prélevés sur les razzias que nous faisions subir aux Arabes. Ces troupeaux formaient la principale masse du fonds commun, et nul n'y avait plus de droits qu'un autre, puisqu'ils n'étaient pas le résultat du travail.

Au retour d'une expédition prolongée, j'allai visiter mes trois petites colonies, en commençant par celle de Méred. C'était à la fin de septembre 1843. Ordinairement j'étais accueilli avec joie par les colons militaires, qui me considéraient comme leur bienfaiteur et m'appelaient leur père. Cette fois, c'était un dimanche, je les trouvai mornes et presque impolis. Ils étaient appuyés contre leur porte, et ne se dérangèrent pas pour venir m'entourer selon leur coutume. Je compris qu'il y avait quelque chose d'extraordinaire. Je fis appeler l'officier, et, celui-ci étant absent, je m'adressai au sergent-major pour connaître les causes du découragement dont je venais de remarquer les symptômes. « Mes hommes ont bien raison d'être tristes, me répondit le sergent-major, ils perdent la plus grande partie de leur récolte : ils l'attribuent au travail en commun ; ils ne veulent plus de ce régime, ils vont vous demander de les désassocier. —Mais comment perdent-ils leur récolte? Ils ont moissonné dans les premiers jours de juin, et nous sommes à la fin de septembre; elle devrait être au grenier depuis longtemps. —Vous avez raison, mon gouverneur, cela devrait être ainsi; mais on ne travaille pas, et nous n'avons pas encore dépiqué le tiers de l'orge ni du froment. Comptant sur la prolongation habituelle du beau temps, nous n'avons pas eu la précaution d'enlever les gerbes des meules perpendiculairement, nous avons pris ce qui formait toit sur toute la surface du carré long ; les deux orages qui sont survenus ces jours-ci ont imbibé nos meules, et tous nos grains ont germé. »

Je me transportai aux meules, et je les vis herbacées sur toutes les faces. Je fis aussitôt rassembler les colons; ils formèrent cercle autour de moi, et nous eûmes le dialogue suivant : « Comment se fait-il, mes amis, qu'ayant récolté en juin, vous n'ayez pas encore dépiqué à la fin de septembre ?—C'est, me fut-il répondu, c'est que nous ne travaillons pas. —Et pourquoi ne travaillez-vous pas ?—Parce que nous comptons les uns sur les autres, que nous ne voulons pas en faire plus l'un que l'autre, et qu'ainsi *nous nous mettons au niveau des paresseux*. Croyez-vous, mon gouverneur, que si nous avions eu chacun notre part de ce blé, il ne serait pas dépiqué depuis longtemps? Nous en aurions déjà fait plus du double. Cela ne peut plus aller ainsi ; nous vous prions de nous désassocier. —Oui! oui, » s'écrièrent tous les colons, même les paresseux. Ces mots : *Nous nous mettons au niveau des paresseux*, m'avaient trop frappé pour que je ne fusse pas décidé à renoncer au travail en commun ; mais je crus devoir ne pas céder trop vite, et je fis appel aux sentiments de fraternité dont je tenais à bien juger la portée. « Comment! mes amis, répliquai-je, vous êtes tous camarades du même régiment (le 48ᵉ); vous vous êtes choisis volontairement; vous êtes tous jeunes et robustes; vous ne formez en quelque sorte qu'une famille de frères, et vous ne savez pas vivre et travailler en commun sans calculer si l'un en fait plus que l'autre?—Mon gouverneur, nous nous aimons beaucoup, et, malgré cela, il n'y a pas l'émulation pour le travail ; on ne croit pas travailler pour soi quand on travaille en commun. Ce sera bien pis quand nous serons mariés; nos femmes s'accorderont bien moins que nous pour le travail et pour tout. Ce sera un enfer. Si nous vous prouvions que nous avons plus produit dans le jour par semaine que vous avez accordé à chacun que dans les cinq jours de la communauté, vous ne refuseriez pas de nous désassocier.»

Je procédai immédiatement à la vérification de ce fait. J'appréciai successivement les soixante-sept récoltes individuelles; des officiers écrivaient mes appréciations, et l'addition donna en effet une somme supérieure d'un cinquième à l'ensemble des récoltes de la communauté. Cette opération terminée, je réunis de nouveau les colons. Je leur déclarai que les résultats de cette enquête me décidaient à établir parmi eux le travail individuel; mais je les prévins que, puisqu'ils se croyaient capables de se suffire à eux-mêmes en se séparant, je leur retirerais les vivres et la solde. Ils accueillirent cette déclaration par un consentement unanime.

Méred avait absorbé ma journée. Le lendemain, je visitai Mahelma et Fouka. J'y trouvai les mêmes répugnances pour le travail en commun. On me les exprima dans les mêmes termes, en s'appuyant sur les mêmes motifs. Cependant on ne s'était pas concerté. Ces villages situés à six lieues l'un de l'autre, n'avaient aucune relation entre eux. Je chargeai un sous-intendant de distribuer le fonds commun et les troupeaux de la manière la plus équitable, et l'association fut rompue. Aussitôt on vit renaître chez le plus grand nombre une grande émulation, et à la fin de 1845 ces trois villages étaient de beaucoup les plus prospères du Sahel. Seulement il y avait de grandes inégalités dans cette prospérité. M. Pétrus Borel, inspecteur de colonisation, signala, dans un rapport, des colons de Méred qui avaient pour 5 ou 6000 francs de bestiaux en tout genre, tandis que d'autres n'avaient pas même conservé ceux qui leur étaient échus en partage, et n'avaient pas assez de récoltes pour vivre. Cela est dans la nature des choses ; l'égalité absolue n'est pas de ce monde, c'est Dieu lui-même qui l'a voulu, puisqu'il crée les hommes si divers en force, en intelligence, en activité, en penchants. Les socialistes, affligés de voir souvent la misère à côté de l'aisance et même de la richesse, poursuivent la chimère de l'égalité parfaite. Ils croient l'avoir saisie dans l'association, ils se trompent ; ils n'obtiendront que l'égalité de la misère.

RÉPONSE
§ 21.

Je vous suivrai de grand cœur dans la longue exposition de vos expériences qui, si vos assertions étaient vraies, et elles sont fausses, ne prouveraient que deux choses :

La première, c'est que la direction et l'organisation des colonies agricoles de Mered, Mahelma et Fouka étaient mauvaises. Qu'aucun homme intelligent ne suivait ni ne dirigeait les travaux. Que le règlement, s'il y en avait un, avait été fait avec négligence.

La seconde, que les hommes élevés dans les préjugés de l'isolement et la soif du bien-être individuel, que des soldats abrutis par la discipline des camps, seraient de tristes sujets d'expérience, et qu'il en serait autrement d'hommes animés du désir de sortir de la misère par la voie de l'association.

Mais il n'en est rien : vous ne dites pas que vous aviez à la tête de ces colonies un homme intelligent, qui comprenait parfaitement le travail en commun et en avait déjà obtenu de beaux résultats.

Vous ne dites pas que les canaux d'irrigation creusés par vos travailleurs associés, promettaient à la colonie une fertilité et une prospérité dont elle a été privée par les circonstances que je vais révéler, pour édifier à mon tour le peuple sur la véracité de vos assertions.

Les colonies agricoles d'Algérie n'ont pas réussi, parce que l'administration a, comme toujours, quand il s'agit d'utilité publique, procédé avec une honteuse parcimonie, et que rien ne se peut, de votre aveu même, sans un capital suffisant.

Elle n'a pas réussi, parce que le directeur civil, homme d'une grande intelligence pratique, a été entravé dans sa direction, et dégoûté par un colonel travesti en directeur militaire, qui se plaisait, pour jouer à l'autocrate, à contrecarrer les mesures prises par le directeur civil, qui fut obligé de lui abandonner la place, et cela parce que, M. le maréchal, vous êtes, à votre insu, imbu des préjugés militaires, vous aimez l'épaulette par-dessus tout. En cela nous différons beaucoup.

Enfin, vos essais ont été infructueux par les deux causes qui ont ruiné toutes nos tentatives de colonisation : la parcimonie de l'administration et la rivalité des pouvoirs.

Vous ignorez sans doute cela, Monsieur le maréchal, car vous n'auriez pas, de gaîté de cœur, été mentir au peuple pour le tromper, ni vous abaisser jusqu'à torturer la vérité pour plaire à la bourgeoisie.

Je suis heureux d'avoir pu rectifier une erreur involontaire ; mais je crois devoir ajouter quelques mots en faveur de la doctrine de l'association.

Je trouve que vous faites jouer à la *puissance supérieure*, dont vous invoquez sans cesse les décrets, le rôle d'un planteur des Antilles, et ne je crois pas, pour son honneur, qu'elle se mêle aux intrigues honteuses de la cupidité et de l'orgueil, pour river les fers du reste des humains. En admettant cette intervention, je vous dirai qu'elle n'aurait été ni logique, ni humaine d'avoir mis dans l'esprit de quelques penseurs, véritables privilégiés de l'intelligence, comme Platon, Morus, Campanella, Morelli, Mably, Locke, Babœuf, Saint Simon, Proudhon, Leroux, Fourrier, Owen, les Pères de l'Eglise primitive. etc., cette idée d'association si elle devait être inféconde. Heureusement que les ouvriers intelligents la comprennent, et que ceux qui la combattent sont justement les patriciens qui seraient troublés dans leurs molles jouissances et dans leur orgueilleuse suprématie, si le peuple s'émancipait.

Je crois devoir appuyer mes assertions en faveur de l'association, de preuves plus concluantes que vos colonies d'Alger, que vous avez choisies quand même, pour montrer la supériorité de l'individualisme sur la solidarité.

Je commencerai par les colonies communautaires des *Moraves*. Ils ont presque partout implanté des établissements qui ont merveilleusement prospéré, et dans lesquels on pratique réellement la fraternité chrétienne. Pourtant, le puritanisme, le monachisme même des Moraves est d'une rigueur sans exemple, ce qui ne les empêche pas d'avoir obtenu des résultats dignes d'envie, et qui prouvent que par l'éducation, on peut plier l'homme à toutes les combinaisons sociales, même à la vôtre, qui laisse froidement mourir de misère ceux que les forces abandonnent ou à qui le travail manque.

Je conçois bien moins nos prolétaires, les ouvriers anglais, allemands et les malheureux Irlandais qui se laissent stoïquement décimer par la misère sans s'insurger contre des patriciens qui pratiquent sans pudeur la traite des blancs, que ceux qui trouvant des garanties dans une grande association sociale, font l'abandon d'une petite part de leur liberté individuelle en faveur de leur bien-être.

Les colonies libres de *Frédérick's-Oord* sont dans le même cas ; la plus grande partie du travail s'y fait en commun, une partie est confiée aux efforts individuels. Cette colonie est un des exemples les plus frappants des résultats de l'association sous la surveillance de l'État, aussi est-ce celle à laquelle Huerne de Pommeuse a consacré ses descriptions minutieuses. Ajoutons qu'elles se terminent par la possession, mais le travail en commun a dû être regardé comme le plus productif pour qu'il fut l'initiation première à la possession individuelle.

Les *colonies forcées* sont établies tout à fait sur le plan d'une exploitation associée sous la direction d'une société philantropique. Comme il s'agit non plus d'ouvriers libres, mais de mendiants, adonnés à la paresse et à la débauche, croupissant dans l'ignorance, on a établi parmi eux le régime militaire et ils travaillent et produisent. Les résultats ont été assez satisfaisants pour qu'on les ait multipliées à *Ommerschans, Veenhuisen, et Wateren.* Nous choisissons cet exemple des bienfaits du travail associé, parce que les hommes réunis dans ces colonies étaient, sous tous les rapports, inférieurs à vos colons d'Afrique, avec cette différence qu'ils étaient bien dirigés.

J'ajouterai, pour terminer, les colonies *Mennonites de la Molotchaia* dans le gouvernement de la Tauride, où les colons se livrent en commun à l'éducation des brebis, celle de *Libenthal* dans le gouvernement de Kherson, la plupart des *colonies transdanubiennes* où l'on trouve de nombreuses exploitations communes, les *colonies suédoises,* dont l'association est la base ; et, pour ne pas accumuler les citations, la *communauté des Jaux* dans le département de la Nièvre qui existait depuis 200 ans, *les fruitières du Jura et de l'Ain* etc.

Enfin, M. le Maréchal on reconnaît partout que le mal vient de la dissociation, de l'égoïsme, tandis qu'une tendance secrète de l'homme, agissant comme à son insu, le porte à l'association dont il tire les plus grands avantages ; mais il faut, je l'avoue, une éducation particulière qui facilite cette tendance et la fasse germer.

§ 22.

Je pense, avec M. Michel Chevalier, que, pour améliorer le sort des masses, il faut augmenter le capital et les produits, mais surtout ceux de l'agriculture. Or, le capital ne peut s'accroître quand la production diminue, et des faits concluants nous ont prouvé que l'association est moins productive que le travail basé sur l'intérêt individuel.

RÉPONSE.

§ 22.

L'augmentation du capital par la production est certes un système que nous sommes loin de repousser, seulement nous avons plus de foi dans l'association pour le bonheur général que dans le travail individuel pour l'enrichissement de quelques-uns. Cette liberté absolue du travail, avec les capitaux entre les mains des uns et le labeur pour un mince salaire, étant le partage des autres, existe dans notre système actuel. Vous le trouvez bon, les patriciens seront de votre avis, seulement vous avez l'émancipation individuelle en vue, et nous, nous n'abandonnons pas le point de vue du bonheur de tous par une solidarité bien entendue.

§ 23.

Je viens de montrer les difficultés, je dirai même les impossibilités de l'association des ouvriers, du moins sur une grande échelle. On aurait tort d'en conclure que je suis ennemi du principe : non, et j'ai toujours cru que, dans certains cas, les hommes augmenteraient leur bien-être en associant leurs efforts et leurs intérêts; mais, comme je n'ai point le fanatisme d'une théorie, j'ai bientôt reconnu que leurs instincts, leurs sentiments tendent à les séparer. Ce que je n'ai jamais cru, c'est que l'association, comme l'entendent nos socialistes, pût être un système général d'organisation de la société et du travail. Je l'admets comme pouvant s'appliquer et réussir dans des circonstances exceptionnelles, et pour cela je veux qu'elle soit non-seulement autorisée, mais encore encouragée, pourvu que l'encouragement ne soit pas donné par la spoliation de la bourgeoisie ou des chefs du travail. J'ai déjà établi que cela ruinerait les travailleurs au lieu de les enrichir.

RÉPONSE.

§ 23.

Je ne vous regarde pas, d'après votre aveu même, comme l'ennemi irréconciliable de l'association, malgré l'accumulation des preuves que vous invoquez pour nier cette tendance, et l'anathème que vous lancez au nom de la divinité contre les hommes qui la regardent comme une ancre de salut. Les instincts que vous croyez contraires à l'association, sont justement ceux qui ont été donnés aux hommes par une éducation vicieuse et anti-sociale. Vous pouvez cependant, si vos scrupules n'ont pas d'autre base, vous rassurer quant à la spoliation de la bourgeoisie, car elle n'est venue à l'esprit de personne, à moins que l'association des travailleurs en les mettant à même de se passer des chefs d'industrie, et les élevant de la condition de salariés à celle d'associés ne soit pour vous la spoliation, et la répartition des charges en proportion de son revenu, un crime de lèze-exploitation.

§ 24.

Si les socialistes de toutes nuances poursuivent avec ardeur, au péril de la société, l'application de leurs idées, c'est qu'ils n'ont pas su voir ce qu'ils demandent réalisé déjà en grande partie sous la seule forme possible. Est-ce que toutes les classes de la société ne sont pas solidaires dans leurs intérêts? Avec l'égalité et la liberté devant la loi, une classe peut-elle prospérer ou souffrir sans que les autres souffrent ou prospèrent? Tous les intérêts ne sont-ils pas étroitement liés par la force des choses? On ne le voit que trop : lorsque, par suite des perturbations politiques, le crédit, l'industrie, le commerce, sont ébranlés, tout est atteint, jusqu'aux plus modestes ouvriers. Il y a donc une grande association nationale basée sur le libre arbitre. Chacun, en raison des facultés qu'il tient de la nature, agit dans cette grande communauté, et fait lui-même sa part de richesses aussi grosse qu'il peut. La richesse est indéfinie, illimitée, puisqu'elle dépend des facultés de l'individu. On n'a qu'une manière équitable de la répartir, c'est le travail libre. On peut dire que c'est Dieu lui-même qui fait la répartition, en créant chaque jour les hommes avec des facultés, des passions, des goûts très-divers. Laissez-les donc agir en toute liberté, chacun se classera bien mieux que vous ne sauriez le faire.

RÉPONSE.

§ 24.

Les socialistes ne se sont élevés à la formule de l'association que parce qu'ils en ont trouvé partout la preuve écrite, et la réalisation accompagnée des plus heureux résultats. Ils ne l'ont pas admise pour mettre en danger la société; mais pour la sauver d'une crise enfantée par la misère, l'égoïsme et la cupidité.

Vous regardez toutes les classes de la société comme unies par les liens de la solidarité; votre assertion est au moins hasardée : la solidarité du travailleur et du chef d'industrie n'existe pas; et l'on peut dire qu'il n'y pas entre les deux castes plus de solidarité qu'entre le cheval et son cavalier, entre la bête de somme et son conducteur, encore ces derniers nourrissent-ils ces animaux tant qu'ils les servent, même quand ils se reposent, faveur dont le travailleur ne jouit pas; lorsqu'ils sont vieux, on les livre à la boucherie ou à l'écarisseur. Le travailleur, il est vrai, n'est pas exposé au même danger; mais la misère et l'hôpital sont là pour faire prompte justice de sa vieillesse improductive.

La liberté, telle que vous la comprenez, n'est autre chose que la libre concurrence; et l'égalité devant la loi, cette égalité dérisoire, qui ne permet pas au pauvre de trouver justice contre le riche inique, parce que la cupidité des gens de loi, la fine fleur des patriciens, ne lui fait trouver personne qui veuille défendre ses droits.

La solidarité du malheur qui pèse sur tous, dans les jours de crise, pèse plus lourdement, vous l'avouerez, sur le peuple, qui gagne à peine par le travail le pain de chaque jour : aussi voulons-nous arriver à la solidarité de bien-être, et de bien-être pour tous.

Votre libre arbitre, votre richesse indéfinie, illimitée, dépendant des facultés, ne sont autres que le *chacun chez soi, chacun pour soi* des partisans de Malthus, doctrine anti-sociale s'il en fut, et qui a pour principe le droit de la force et le règne de l'iniquité.

§ 25.

Je ne veux pas dire pour cela que la société doive entièrement abandonner les hommes qui, moins bien dotés par la nature, n'ont pu se créer une existence tolérable. Loin de là, je veux qu'on les aide autant qu'on le pourra par des institutions de bienfaisance prévoyante, par une éducation morale plus que par l'instruction. Il est prouvé que ce sont les vices qui appauvrissent, bien plutôt que l'exiguité des salaires ; ceux qui ont de la moralité et de l'économie se tirent toujours d'affaire.

RÉPONSE.
§ 25.

La charité, toujours la charité, l'humiliation la plus amère que le privilége ait inventé par peur et par égoïsme plutôt que par générosité, et dont nous ne voulons pas.

Votre éducation morale est la doctrine de la résignation, qui apprendra au pauvre à supporter patiemment sa misère, dans l'espérance sans doute d'une vie meilleure. C'est encore ce que nous repoussons, nous qui voulons la moralisation par l'éducation et le bien-être.

Quant aux vices qui, suivant vous, causent l'appauvrissement des classes inférieures, c'est un reproche banal qui sert de manteau à toutes les duretés du cœur. Si vous visitiez la mansarde de tant de pauvres familles laborieuses qui gagnent à peine de quoi ne pas mourir d'inanition, vous feriez en leur faveur une exception honorable. J'avouerai comme vous que la continuité de la misère engendre la démoralisation ; mais, contrairement à vous, je trouve au pauvre une bien grande somme de vertu pour se résigner à périr dans une lente agonie, sans se plaindre et se dresser contre une société qui le traite en paria !

§ 26.

Nos réformistes, qui croient trouver dans la société des classes déshéritées, faute de se rappeler que le travail appartient à tout le monde, sont-ils plus pénétrants, plus justes, quand ils disent qu'il faut mettre le capital entre les mains de tous ? Pour ce faire, il n'y a qu'un seul moyen, c'est de prendre les capitaux à ceux qui les ont acquis à la sueur de leur front. C'est la révolution sociale, c'est la ruine générale et la guerre civile, c'est aussi la preuve du plus triste aveuglement. Quoi ! vous ne voyez pas que les capitaux sont en fait au service de tout le monde ? Le simple ouvrier d'une fabrique ne participe-t-il pas aux avantages du capital qui la fait marcher ? Et si ce capital se perd, les ouvriers ne souffrent-ils pas à l'instant ? N'en est-il pas de même du capital rural ? N'y a-t-il que ceux qui possèdent la terre qui en jouissent, et n'y a-t-il pas vingt-quatre millions de bras qui en vivent, si tous n'en possèdent pas ?

RÉPONSE.
§ 26.

Nous appelons classes déshéritées, et nous maintenons l'exactitude rigoureuse de l'expression, celles qui ne peuvent pas par le travail subvenir à leurs besoins, qui ne peuvent élever leur famille, et au foyer desquelles est assise la misère, quand le chômage, la maladie ou la vieillesse viennent s'appesantir sur eux, celles qui offrent des bras robustes ou une intelligence exercée à qui voudra les louer, sans que le travail s'offre à ces bras valides, ou à cette intelligence cultivée.

C'est une amère ironie qui vous porte à dire que le capital est au service de tous : quand les salaires sont le plus souvent trop limités, même dans les temps prospères, etqu'ils manquent à la plupart dans les moments de chômage ou de crise.

Le partage de l'ouvrier dans le capital du chef d'industrie est le loyer de ses bras, loyer qui cesse quand son patron n'a plus besoin de lui. Vous auriez mieux fait de dire que le travailleur est comme une machine à vapeur, un moulin, une scierie, un des instruments qui sert à augmenter la fortune du maître, sans qu'il en ait une part raisonnable, puisqu'elle est insuffisante. Vos paysans, vos journaliers, plongés dans l'ignorance et la misère, sont autant de serfs attachés à la glèbe par le besoin et non pas des copartageants dans le capital du propriétaire.

Comptez le nombre de mendiants qui se trouvent parmi ces 24 millions de travailleurs, et vous verrez que le nom de déshérités est le seul qui leur convienne. Mais encore une fois, et je ne puis trop le répéter, la spoliation et le partage du capital ne sont pas dans notre pensée. Nous voulons l'association générale pour empêcher l'exploitation de l'individu par le détenteur du capital et des instruments de travail.

§ 27.

On croit encore innover en nous prêchant l'association du capital, du travail et de l'intelligence ; mais cette association est partout : bien aveugles sont ceux qui ne la voient pas ! Comment les esprits distingués qui propagent cette théorie n'ont ils pas remarqué un fait immense, un fait qui occupe toute la surface du pays, depuis la Loire jusqu'aux Pyrénées ? C'est la culture par métayers. Le propriétaire fournit le capital de la terre transformée par les travaux des siècles ; il fournit encore les bâtiments d'exploitation, le logement de la famille, les outils aratoires, les semences, et enfin le capital des bestiaux. Le métayer n'apporte absolument que ses bras et quelques petits outils à la main. Si le propriétaire entend l'agriculture, il fournit aussi son intelligence. N'est-ce pas là l'association complète telle que la demande la *Démocratie pacifique ?*

RÉPONSE.
§ 27.

L'association du capital, du travail et de l'intelligence, comme vous l'entendez, diffère de notre formule en ce que vous en retranchez la solidarité réelle.

Ainsi il n'y a pas association du capital et du travail entre le chef d'industrie et son ouvrier ; il loue leurs forces moyennant un salaire, et s'il pouvait se passer d'eux en les remplaçant par une machine, il le ferait sans que vous puissiez dire pour cela qu'il y a association entre le capitaliste et sa machine. Quand elle est usée, il en achète une autre ; quand son ouvrier est vieux ou impuissant au travail, il en prend un autre, avec cette différence que la machine est vendue au ferrailleur et lui rapporte encore quelques deniers, tandis que l'ouvrier est réduit à implorer la charité publique, et quelle charité ! celle qu'accompagnent la honte et la flétrissure, témoins les procès pour délit de mendicité, qui sont les préliminaires indispensables pour que les portes des dépôts soient ouvertes aux pauvres.

Il n'y a pas association du capital et de l'intelligence entre le libraire et l'écrivain. Il lui paie le prix le plus bas possible un manuscrit qui doit, s'il est bon, lui procurer d'énormes bénéfices. C'est de l'exploitation et non une association. L'écrivain est une machine intelligente qui fait des livres pour le libraire, comme le canut des étoffes précieuses pour le compte du chef d'industrie.

Cette association, loin d'être surannée et banale comme vous le prétendez, est au contraire neuve, essentiellement neuve, quand on y rattache l'idée de solidarité.

§ 28.

Dans cette communauté, qui date de bien des siècles, le travailleur serait-il *exploité*, comme on dit, et son travail ne serait-il pas rétribué conformément au produit? Il est aisé de prouver que les plus grands avantages sont de son côté. Il est fort rare que le propriétaire recueille plus de 3 à 4 pour 100 de la valeur de tous les objets qu'il met à la disposition du métayer. Celui-ci, outre la moitié des principaux produits, prélève pour son usage une foule de petites denrées, telles que les légumes et les fruits; il prend encore sur la propriété son chauffage et tout le bois nécessaire à l'entretien des instruments aratoires. Les réparations, la reconstruction des bâtiments, quand ils périssent par vétusté ou autrement, sont à la charge du propriétaire. En réalité, dans une période de dix ans celui-ci n'a pas reçu le tiers du produit de son immeuble. Je ne crois pas qu'il y ait là un privilége aristocratique.

RÉPONSE.
§ 28.

L'exemple de votre métayer, que vous avez choisi comme un type réunissant toutes les conditions de garantie de bien-être, pour servir d'argument victorieux contre les doctrines erronnées des socialistes, est, au contraire, une rare exception. Seulement, vous m'accorderez, même en regardant le métayer comme un prolétaire favorisé, qu'il est incapable, sans un capital, d'améliorer son exploitation rurale et de parer aux pertes causées par de mauvaises récoltes ou par une épizootie; il ne peut souvent qu'arracher au sol sa nourriture et celle de sa famille, heureux quand il peut amasser quelque argent pour ses renouvellements de semences, bestiaux, etc. Mais qu'il soit malheureux dans sa culture, le propriétaire le congédie, garde sa terre malgré son mince produit, et je m'étonne qu'il y tienne tant, puisqu'elle lui rapporte si peu; il la donne à un autre, et le métayer, cet associé si favorisé et qui est un exemple frappant de l'association du capital et du travail, est réduit à la condition de journalier s'il ne trouve pas le nouvelles terres à cultiver. Vous savez, quand même, que le métayage, cette transformation du servage, n'est pas si hautement prôné par les agronomes que vous le donneriez à penser.

§ 29.

Le capital s'est donc concentré providentiellement, au profit de tous, dans un certain nombre de mains, afin qu'il eût la puissance de créer le travail. Le disséminer par la spoliation serait un crime et une absurdité économique. Tout ce que demandent les socialistes existe d'ailleurs en fait, nous le répétons, depuis qu'il y a une société; ils n'ont pas su le voir, et ils veulent aujourd'hui fonder, par la spoliation et la guerre de classe à classe, ce qui a été fondé par la justice et la force des choses. Ils n'y parviendront pas. Ils peuvent pousser le peuple à s'entr'égorger; mais leurs systèmes ne s'établiront jamais, parce qu'ils sont contre la nature des hommes et des choses. Après bien des orages, la société rentrera dans la voie qui lui a été tracée par les siècles.

RÉPONSE.
§ 29.

Je suis loin de reconnaître un fait providentiel, dans la concentration du capital entre un petit nombre de mains qui ne le détiennent que pour leur profit personnel, je considère, au contraire, cette concentration comme une loi anti-sociale, destinée à peser sur les classes laborieuses. Nous demandons, ainsi que nous l'avons déjà dit, la concentration du capital dans un but d'intérêt général, et nous tendons à faire diminuer le prix du loyer de l'argent, publiquement déclaré par l'abbé De Guerry comme anti-chrétien, parce que la domination despotique du capital a causé plus de mal à la société, que toutes les guerres ensemble. C'est pourquoi nous sommes partisans de la mobilisation de la propriété, de la création d'une banque nationale pour que l'État soit le régulateur des transactions financières; car, seulement alors, le capital reprendra son rôle de vivificateur du travail, au lieu d'en être le tyran. Mais nous nous défendons contre l'accusation injuste d'y vouloir procéder par la spoliation et par la guerre; nous demandons à l'État son intervention, parce que seul il peut mettre fin à cette lutte impie des intérêts de quelques uns contre les intérêts de tous.

§ 30.

Il me reste à dire un mot des communistes: ils veulent nous conduire tout d'un coup au but où les socialistes, qui se croient modérés, nous amèneraient graduellement. C'est le délire absolu de l'esprit et du cœur, c'est le chaos, c'est la mort. L'intelligence humaine peut-elle concevoir l'administration en commun de tout ce qui constitue la richesse d'une nation civilisée? Si l'on veut faire de l'égalité, de la justice dans l'injustice, il ne faudrait pas seulement s'emparer, pour la communauté, de la terre et des maisons, il faudrait aussi réunir à la masse toute la fortune produite par les arts, les sciences, le commerce, l'industrie, la littérature, les fonctions publiques, les métiers, tout enfin. Qui donc administrera cette incommensurable communauté? Qui répartira les produits? Je ne vois que Dieu qui en ait la puissance. En vérité, on est aussi honteux qu'affligé d'être obligé de discuter de pareilles monstruosités; mais comment s'y soustraire, puisque le communisme, sous une forme ou sous une autre, s'infiltre dans les plus hautes régions et menace d'entrer dans la législation?

RÉPONSE.
§ 30.

Vous êtes, Monsieur le maréchal, dans votre croisade contre le socialisme, égaré par l'esprit d'opposition qui domine les hommes ayant pour unique religion l'intérêt individuel et le privilége, et vous le traitez fort mal, tout en le regardant comme plus modéré que le communisme, que vous ne connaissez ni n'avez étudié. Vous confondez ou feignez de confondre l'idéal avec la pratique, et vous vous faites l'écho des lieux communs qui ont circulé sur cette doctrine, qui est le type réel de l'ordre dans l'humanité. Pourquoi, vous répéterai-je, le communisme a-t-il été le rêve de tous les grands penseurs? Pourquoi a-t-il été le rêve des chrétiens primitifs? Pourquoi les Jésuites, en fondant les républiques chrétiennes, avaient-ils adopté le système communiste? Pourquoi Jean Ball, les Anabaptistes, et tant d'autres sectes ne voyaient-elles de salut que dans cette communauté fraternelle? pourquoi les Chinois, les Péruviens avaient-ils adopté dans l'origine cette forme de gouvernement qui ne fut détruite que par la violence ? Comment se pourrait-il que depuis trente siècles l'humanité ne fasse que tourner dans le cercle des mêmes erreurs, sans acception de temps et de lieux, et sans que cette pensée périsse au sein de la société? Il y a dans le monde, Monsieur le maréchal, *force et le droit* ; c'est la *force* qui a constitué la société inégalitaire, dont Malthus a été l'éloquent et le véridique interprète, tandis que le *droit* a créé les penseurs qui voient dans la communauté, l'idéal de toute organisation sociale.

Les socialistes tendent vers ce but, et leurs réformes les rapprochent de cette grande association de la famille humaine, unie par le lien de la solidarité ; car c'est la solidarité que nous appelons de tous nos vœux.

Il est vrai que si l'on compare l'organisation sociale au point de vue égalitaire à la société actuelle, on comprend difficilement comment cet édifice d'impiété et de violence, si ingénieux dans ses ressources à mal faire et si pauvre dans ses aspirations généreuses, pourra se métamorphoser pour arriver à cette formule dernière.

Puisque vous reconnaissez que le communisme s'infiltre jusque dans les plus hautes régions, il y a donc dans cette doctrine quelque chose qui satisfait les esprits cultivés; et si notre législation, si grave, si sévère, si logique, s'en laisse envahir, l'idée communiste n'est donc pas si monstrueuse ?

Quant à la réalisation immédiate, personne n'y a pensé, seulement l'idéal a été posé d'une manière absolue, comme un dogme nouveau, présenté au monde pour l'émanciper un jour. C'est un phare destiné à guider ceux qui souffrent et espèrent dans la voie qui les conduira au port du salut.

Vous devez vous rappeler, M. le maréchal, que les premiers chrétiens furent traités comme on traite aujourd'hui les communistes ; que cette religion ne chercha pas à pactiser avec le paganisme, mais se posa d'une manière nette et tranchée, sans faire à son puissant adversaire les plus minces concessions. Les mensonges, les calomnies, précurseurs de sanglantes persécutions, s'acharnèrent après les chrétiens, qui n'en marchèrent que plus résolûment au but et finirent par triompher. C'est que la doctrine qui prêchait l'abolition de l'esclavage était chérie des hommes auxquels on avait refusé une place dans l'humanité, tandis que *leurs maîtres ne concevaient pas une société sans esclaves.* La position est la même : après 18 siècles de progrès, *vous ne concevez pas une société sans prolétaires*, et vous accablez de votre colère les hommes qui se font les apôtres de cette doctrine d'affranchissement.

§ 31.

Toutefois je ne le suivrai pas dans toutes ses impossibilités ; je me bornerai à l'envisager dans son influence sur la production agricole. Cela suffira, puisque la prospérité agricole est l'existence nationale elle-même.

RÉPONSE.

§ 31.

Je ne crains pas de vous suivre dans votre thèse en faveur de l'agriculture que vous considérez pourtant au point de vue de l'exploitation inégalitaire ; car l'agriculture est de toutes les industries humaines, celle vers laquelle nous tendons à rejeter les travailleurs dont la grande industrie a fait des martyrs.

§ 32.

Ce qu'il faut reprocher aux communistes, ce n'est pas le défaut de logique. Pour introduire une ombre de justice dans la communauté, il fallait tout placer entre les mains du gouvernement, afin qu'il y eût une direction pour le travail et pour la répartition des produits. Si la communauté eût été établie séparément pour chacune de nos communes actuelles, on n'aurait point obtenu cette égalité que l'on poursuit contre l'œuvre de Dieu lui-même, car il y a des communes riches par le sol et d'autres très-pauvres. Voilà donc le gouvernement chargé de diriger l'agriculture de 52 millions d'hectares et d'en répartir les produits, de manière à ce que tout le monde soit largement pourvu ; car ce n'est pas la misère ou la médiocrité actuelle que veulent ces hommes passionnés pour le bonheur du peuple. Il est inutile de faire remarquer qu'il faudrait, pour remplir cette partie de l'incommensurable tâche, une énorme armée de directeurs, de maîtres, de contre-maîtres, de surveillants, de comptables, de garde-magasins, etc., etc. ; mais le plus difficile, c'est de produire. Qui travaillera pour cette communauté universelle ? On ne se livre avec ardeur aux durs travaux de la terre que lorsqu'on est stimulé par l'intérêt personnel, par l'amour de la famille; par le besoin de nourrir sa femme et ses enfants. On ne travaille pas, ou presque pas, pour une communauté universelle et sans l'espoir de recueillir directement les produits de ses sueurs ; chacun s'en rapporte à tous pour assurer la production nécessaire à tous. On pourra bien faire faire par ordre, par corvées, quelques travaux de labour et d'ensemencements ; mais ne sait-on pas comme on travaille pour le public? L'application de la loi sur les chemins vicinaux est là pour l'apprendre. Voyez ce pauvre maire, zélé par exception, il convoque cent prestataires à cinq heures du matin pour réparer un chemin impraticable; il en vient dix à huit heures, ils travaillent nonchalamment jusqu'à neuf heures. Vient alors le déjeuner, qui prend deux heures, et ce n'est que sur les instances réitérées du malheureux maire qu'on reprend la pioche pour la laisser tomber avec mollesse sur la terre jusqu'à l'heure d'une nouvelle collation. L'atelier, si cela mérite ce nom, est déserté avant le coucher du soleil ; voilà ce qu'est le travail public. Et vous espérez qu'avec un pareil travail la nation sera nourrie plus abondamment qu'elle ne l'est? Sachez que, pour la faire vivre médiocrement, il y a 24 millions d'individus qui, poussés par la nécessité et l'amour de la famille, travaillent très-durement tous les jours de la vie depuis l'aube jusqu'après le coucher du soleil.

RÉPONSE.

§ 32.

Oui, M. le Maréchal, c'est entre les mains de l'État que nous tendons à concentrer *graduellement*, et nous soulignons ce mot pour éviter toute fausse interprétation, toutes les forces de production et tous les pouvoirs de direction et de répartition. Vous avouez que cela est logique ; en effet, il n'en peut être autrement ; car *nous voulons arriver à l'Egalité* telle que la comprennent tous les philosophes. En compulsant les auteurs qui ne croient pas certes faire de socialisme, on y trouve des phrases comme celle-ci qui contre-disent votre assertion, que l'Egalité est contraire à la loi de Dieu : M. Dubois d'Amiens (Traité des Etudes médicales), dit en parlant de l'hygiène, si mal observée: *Ceci tient à ce que les droits des hommes ne sont pas encore suffisamment reconnus, à ce que le principe d'égalité sociale* (il ne dit pas comme vous § 24, que l'égalité devant la loi doit suffire au bonheur des citoyens.) *n'est pas suffisamment respecté.*

La tâche immense de diriger tout ce peuple de travailleurs vous épouvante, et vous n'êtes pas épouvanté de la tâche d'un gouvernement qui n'a d'autres soins que de pondérer, d'équilibrer ces forces ennemies qui luttent sans cesse et s'entre-déchirent presque périodiquement, pourtant les gouvernements modernes n'ont pas d'autre souci que de maintenir comme d'habiles équilibristes cette société qui chancelle et menace de chute ?

Le nombre des directeurs, maîtres, contre maîtres, etc., vous effraie, et vous n'êtes pas effrayé de cette légion d'hommes improductifs, comme vos douaniers, vos percepteurs, vos inspecteurs, vos employés d'octroi, vos geôliers, vos gendarmes, vos gardes de tous les noms, vos soldats abrutis par la discipline et dont vous faites au besoin des *Séides*, qui n'ont d'autre fonction que d'entraver la liberté ou de comprimer les élans généreux, dans le but de maintenir l'équilibre inégalitaire de votre société? vous n'êtes pas effrayé de cette nuée dévorante de gens de robe qui sucent le sang du pauvre, et ne servent qu'à prouver jusqu'où peut aller la patience de l'homme ?

Vous glissez en passant sur le travail rendu attrayant par l'amour de la famille, croyez vous donc que nous détruisions la famille, parce que nous en faisons disparaître la cupidité et les passions honteuses, pour ne laisser subsister que le lien moral ? Pensez-vous qu'elle ne sera pas plus forte et plus sainte ? Aujourd'hui plus d'un fils n'aime son père que parce qu'il en doit hériter. Il attend sa mort avec impatience, il compte les heures, et se jette impitoyablement sur ses dépouilles avant que son corps soit refroidi. Les autres agissent par devoir : c'est le préjugé qui les retient; mais ils disent hautement qu'ils ont *leurs parents à leur charge,* expression honteuse et flétrissante. Quelques rares exceptions consolent de cette sécheresse de cœur ; mais la famille, dans votre société cupide, n'a pas d'autre lien que le besoin et l'intérêt; les frères, sœurs, oncles, neveux, cousins, sont autant de compétiteurs avides qui se disputent le plus mince héritage, comme les vautours leur sanglante proie.

On nous reproche, dans notre système d'éducation publique, d'éloigner les enfants de leurs parents, de les soustraire à leur autorité. Mais notre société fourmille d'exemples de séparations violentes ou volontaires : les Savoisiens ne sont ils pas obligés par la dure nécessité d'envoyer dans les villes leurs pauvres enfants, que la mort décime en route, que la misère achève et qu'ils ne reverront jamais ? quand il s'agit de vos guerres ruineuses, guerres de conquêtes impies, guerres d'orgueil, avez-vous pitié des larmes de la famille? il vous faut des soldats, vous prenez tout, faibles et forts, la mort choisira sa proie, et vous ne vous occupez pas si de vieux parents périssent loin de leurs fils, de douleur et de misère; et ces riches orgueilleux qui n'ont pas l'excuse du besoin et qui envoient leurs enfants loin d'eux pour faire d'abord leur éducation, puis leurs études comme avocats ou médecins, savent-ils aimer comme le pauvre ?

Ne dites donc pas que vous êtes le défenseur de la famille ; car vous ne la comprenez pas, et c'est vous qui l'avez flétrie.

On ne travaille pas, dites vous, pour une communauté universelle : vous êtes dans l'erreur; sous notre régime absurde on passe bien, contre son gré, sept ans sous les drapeaux, et le soldat sacrifie sa vie, soit dans une guerre civile dont il n'a pas compris le sens, soit dans une guerre étrangère dont il ne connaîtra jamais la cause; mais il marche en avant puisque l'automatisme est la base de l'éducation qui lui a été donnée. Croyez-vous sérieusement qu'avec une éducation publique dirigée dans le but d'inspirer à tous les enfants le dévouement à l'intérêt général et l'obligation du travail, il se trouvera de ces natures rebelles qui se refuseront à prêter leur concours à leurs frères laborieux ? C'est une erreur : que les hommes abâtardis par votre système s'y refusent, je le conçois, mais il n'en sera pas de même avec un système d'éducation rationnel. L'histoire est là pour vous donner un démenti : chaque religion bonne ou mauvaise, sérieuse ou ridicule, ne fait-elle pas des fanatiques par suite des préjugés nés de l'éducation ? Le Vieux de la montagne ne façonnait-il pas des séides obéissants? Les Japonais et les Chinois ne courbent-ils pas sous le poids des obligations les plus niaises et les plus tyranniques? Eux qui ne peuvent ni marcher, ni saluer, ni se mouvoir sans que chacune de ces actions ait été déterminée par un règlement spécial; et l'on ne parviendrait pas à donner à l'activité des enfants une direction en harmonie avec le bonheur général, en ayant leur liberté, leur bonheur et leur ennoblissement pour but ? Ce serait se refuser de croire à la lumière du jour.

Votre comparaison du travail communautaire à celui des corvées vicinales, est un exemple mal choisi, et en général vos comparaisons ne sont pas heureuses, vous affectionnez les disparates. Songez donc qu'un préjugé s'attache à des travaux faits pour l'Etat, que l'on considère non comme un père attentif, mais comme une sangsue vorace, à qui l'on ne croit rien devoir et qui perçoit, dit-on, déjà bien assez par les impôts; on le hait et l'on ne fait rien pour lui. Voilà le secret de cette paresse.

Nous regrettons de vous voir, vous l'homme de la pratique agricole, désespérer qu'avec des bras et des capitaux la terre produise moins qu'aujourd'hui ; car il faudrait ajouter à ces 24 millions de bras, d'autres millions de bras improductifs qui n'ont jusqu'à ce jour fait que jouer le rôle de parasites au sein de la société laborieuse.

§ 33.

Avec le travail en commun, les récoltes annuelles ne donneraient pas la moitié des produits qu'exige la subsistance de la France. Qui saura mettre à profit, pour les petits soins de détail, les variations du temps, si fréquentes parfois dans un seul jour, quand il faudra attendre un ordre et la réunion de tous les ouvriers communistes de la circonscription, l'un ne voulant pas travailler sans l'autre ? Ce sont cependant ces petits soins donnés chaque jour, en raison des variations de l'atmosphère, qui font le résultat au bout de l'année. Que de temps perdu avec le travail disciplinaire, que, sous le régime du communisme, il faudrait nécessairement établir ! Souvent, par les temps pluvieux, il fait deux heures de soleil pendant lesquelles on peut soustraire une partie de récolte à l'intempérie; la famille qui travaille librement et pour elle ne laisse pas échapper ces bonnes fortunes. Dans le travail en commun, elle attendra des ordres; des dispositions générales, qui viendront trop tard, et les biens de la terre seront emportés ou avariés par l'orage. Les dimanches, les jours de fête, la famille libre, propriétaire, fermière ou métayère, se livre à divers petits soins avant et après la messe ; elle enlève même du foin ou des gerbes : si le temps est menaçant, le curé le permet ; sous le régime en commun, on entendra avec indifférence ou apathie la nue gronder en approchant.

RÉPONSE.

§ 33.

Vous faites du travail en commun un tableau dont la prévention a fourni les couleurs. Si l'on juge de l'avenir de l'humanité par vos prophéties sinistres, la réunion des forces et des intelligences dans l'intérêt de tous, enlèverait d'un seul coup aux hommes jusqu'au sentiment de prévoyance, et détruirait leur activité. Vous raisonnez ainsi parce que vous êtes accoutumé à voir une société inintelligente qui hait ses maîtres, et fait pour eux le moins qu'elle peut ; que vous y voyez la discipline absurde de l'armée qui fait le supplice de l'homme libre et réduit au crétinisme les natures intelligentes. Tout dépend de l'éducation première ; et, soyez-en sûr, une société nouvelle n'est pas plus difficile à discipliner quand il s'agit de la conduire dans la voie du bien, qu'il ne l'est de discipliner une armée qui n'a ni but, ni volonté, ni conscience de ses actions. Nous sommes, au contraire, convaincus que les travaux généraux seraient faits avec plus de soin et de célérité que de nos jours, parce qu'on aurait à sa disposition plus de bras accoutumés à l'obéissance par une éducation rationnelle ; mais vous vous placez toujours au point de vue d'une société que l'on s'efforce de maintenir dans l'ignorance et l'abrutissement moral pour la dominer plus facilement.

§ 34.

Mais ce qu'il faudrait plaindre presque autant que les hommes, ce sont les animaux. Comme ils seraient soignés, appartenant à tous et à personne ! Ils boiraient quand ils auraient faim et mangeraient quand ils auraient soif ; souvent ils iraient au travail sans avoir ni bu ni mangé, ce qui n'empêcherait pas de les mener très-durement. Beaucoup mourraient, tous seraient étiques, et le peuple, qui mange déjà trop peu de viande, n'en mangerait plus du tout. Les charrettes, les outils aratoires, les harnais, seraient encore moins soignés que les animaux, et ce serait là une grande cause de ruine pour la communauté. On ne soigne bien toutes ces choses que quand on en est propriétaire. Les fermiers, les grands propriétaires qui font exploiter à leur compte, pourraient en apprendre long sur ces points à messieurs les professeurs du communisme. Si ces agronomes n'exercent pas une surveillance très-active, ils sont ruinés par la négligence des valets et des journaliers.

RÉPONSE.

§ 34.

Il est inutile de prendre la défense des animaux, auxquels vous enlèveriez la fantaisie d'appartenir à une communauté puisqu'on ne les nourrirait pas et qu'on les traiterait *durement*, ces détails puériles sont peu dignes de vous ; et à force de vouloir prouver, vous finissez par tomber dans les banalités oiseuses. Tout dépend, je le répète, de l'éducation et de la discipline. Vous avez su dresser des machines dont vous avez annihilé l'intelligence, nous sera-t-il impossible de faire une société d'hommes libres dont nous cultiverons l'esprit et élèverons les sentiments ?

§ 35. •

L'agriculture nationale et *paternelle* ne consiste pas seulement dans les travaux nécessités par les récoltes annuelles.

Ce n'est pas pour rien que, dans les contrats de ferme, après avoir imposé au preneur la plantation de tant de pieds d'arbres, de tant d'arpents de vignes, de tant d'arpents à marner chaque année, on ajoute : « Enfin, il cultivera de tout point en bon père de famille. » C'est que les travaux de l'avenir jouent, dans l'agriculture, un très-grand rôle, que dis je ? un rôle capital ; sans ces travaux, le sol, dénudé bientôt, perdrait presque toute sa valeur. Sous le régime de la communauté, on ne pourra même pas faire les travaux ordinaires pour arracher à la terre la subsistance de l'année ; comment ferait-on les travaux dont on ne doit recueillir les fruits que dans quinze ou vingt ans ? On coupera des arbres, on en coupera beaucoup, mais qui en plantera ? Qui desséchera des marais ? qui sèmera des forêts ? qui extraira les rochers des coteaux pour en faire des murs de soutènement, derrière lesquels on mettra les terres qui auront été trouvées dans les interstices de la roche ? qui plantera des vignes de manière à les faire durer un siècle ? qui rapportera sur le sommet du coteau les terres que les orages auront précipitées dans le vallon ? qui dirigera les eaux d'orage pour qu'elles ne ravinent pas ? qui endiguera les rivières et les ruisseaux pour qu'ils n'emportent pas les terres des plaines, ou qu'ils n'en fassent pas des marais ?

RÉPONSE.

§ 35.

Ce paragraphe, qui roule encore sur les travaux généraux, est la répétition des mêmes pronostications de malheurs, sans plus de fondement. Cette accumulation de preuves ne convertira personne, parce que ces derniers paragraphes contre le communisme sont écrits avec du fiel, et que votre sainte colère vous a fait dire les choses les plus absurdes du monde. Vous nous faites une guerre de docteur en Sorbonne, tous les arguments bons ou mauvais, vrais ou faux, calomnieux même, vous sont bien avenus, si vous croyez y trouver le moyen de nous nuire, ce serait peu généreux si ce moyen pouvait réussir ; mais c'est une aberration qui vous nuit plus qu'elle ne vous sert. Non, M. le maréchal, la terre ne deviendra pas stérile dans une communauté, ni dans une société solidaire, parce qu'on mettra des milliers de travailleurs où vous en mettez quelques-uns. Jettez les yeux sur le Limousin, pour ne citer qu'un seul exemple ; vous y verrez trois ou quatre ouvriers perdus au milieu des champs sans limites qu'ils sont chargés de cultiver. Pensez vous que nous ne puissions au moins en faire autant ? Vous avez donc tort en tous points, M. le maréchal : tort de faire de l'indignation à froid, c'est une comédie qui ne peut, vous convenir ; tort d'employer l'hyperbole et l'exagération pour prédire à la société future des maux imaginaires, et tort de ne pas mieux cacher le bout de l'oreille que vous ne le faites. Il serait plus court de vous déclarer royaliste, ennemi du progrès et édifié des vertus de la société moderne, ce serait au moins plus franc.

§ 36.

On ne fait toutes ces grandes opérations de l'agriculture que lorsqu'on est assuré d'en laisser le produit à ses enfants, et, si on ne le faisait pas, que deviendrait le sol ? Avant vingt ans, il serait dépouillé d'arbres et de vignes ; les coteaux seraient décharnés, les vallons seraient encombrés de cailloux, certaines plaines redeviendraient marais ; la population, misérable, diminuerait dans une proportion effrayante ; la nation périrait dans le chaos. Voyez, pour preuve, les biens communaux, ceux des hospices, des établissements publics, et même les biens en usufruit, quoiqu'ils soient surveillés par la loi.

RÉPONSE.
§ 36.

De l'incurie actuelle pour les biens communs ou publics, vous concluez à la continuation de ce système sous un régime communautaire, sans vous rendre compte d'un fait qui aurait dû vous frapper, c'est que chacun absorbé par le soin de ses intérêts privés ne s'occupe que médiocrement des intérêts publics ; son aspiration n'est pas là ; il sait que nul ne s'occupe de lui, il doit donc avant tout songer à lui-même, aussi en dehors de lui ne voit-il rien qui l'intéresse. Notre société porte les fruits de l'égoïsme que vous cherchez à perpétuer.

§ 37.

N'allons pas plus loin, c'en est déjà trop. Le communisme pourra bien faire verser des torrents de sang, mais il ne s'établira jamais. Dès les premières tentatives d'application, le prolétaire lui-même, y renoncerait, et peut-être, dans sa juste colère, punirait-il sévèrement les hommes qui lui auraient prêché cette infernale doctrine.

RÉPONSE.
§ 37.

Nous avons, plus que vous, foi dans l'avenir de la société, nous persévérerons, malgré vos prédictions sinistres, dans la voie que nous persistons à regarder comme la seule capable de tarir la source du mal qui attriste nos yeux, et nous y tendrons par tous les moyens que nous permettra l'état actuel de la société, mais *sans spoliation, sans partage, sans y procéder par la lutte.* Nous sommes pleins de confiance dans une doctrine qui, dans ses applications même les plus éloignées, est capable de produire tant de bien. Que la cupidité, l'égoïsme, l'esprit de domination, la vanité s'y opposent, nous nous y attendons d'avance ; mais nous avons pour nous le droit, la justice et la sympathie des classes laborieuses qui souffrent et espèrent.

§ 38.

L'opinion que je viens d'exprimer sur les socialistes provoquera peut-être, de leur part, des observations plus ou moins vives ; je les avertis que je ne leur répondrai pas. Outre que j'ai peu de goût pour la polémique, je suis très-mal placé pour en faire. Habitant les champs à cent vingt lieues de Paris, je lis très-peu de feuilles périodiques ; j'ignorerai, la plupart du temps, les critiques qu'on pourra diriger contre cet examen rapide des cruelles doctrines qui ont couvert de deuil Paris et la France. Qu'on ne prenne donc pas mon silence pour un acquiescement.

RÉPONSE.
§ 38.

Je ne vous demande pas une réponse, car vous ne pourriez que tourner dans le cercle des subtilités qui font tout le mérite de votre critique. J'ai seulement voulu réfuter votre injuste diatribe pour montrer au peuple quelle justice il doit attendre des partisans de l'exploitation et de l'inégalité !

OUVRAGES DE PIERRE LEROUX
QUI SE TROUVENT A LA LIBRAIRIE DE GUSTAVE SANDRÉ
Rue Percée-Saint-André-des-Arts, 11.

EN VENTE :

DE L'HUMANITÉ, de son principe et de son avenir. Deuxième édition. 2 vol. in-8°.　　10 fr.

DE LA PLOUTOCRATIE, ou du Gouvernement des riches. 1 vol. in-16.　　1 fr. 50 c.

AUX PHILOSOPHES ET AUX POLITIQUES. Discours sur la situation actuelle de la Société et de l'Esprit humain. 2 vol.　　3 fr.

LE CAROSSE DE M. AGUADO, ou De la Propriété. 1 vol. in-8°.　　1 fr.

D'UNE RELIGION NATIONALE, ou du Culte. 1 vol. 1 fr.

REVUE SOCIALE, ou solution pacifique du problème du prolétariat. Deux années sont en vente, la troisième est ea cours de publication. Prix de chaque année :　　5 fr.

DE L'ÉGALITÉ. Nouvelle édition. 1 vol. in-8°.　　4 fr.

DU CHRISTIANISME ET DE SON ORIGINE DÉMOCRATIQUE. Nouvelle édition. 1 vol.　　1 fr. 50 c.

MALTHUS ET LES ÉCONOMISTES, ou Y aura-t-il toujours des pauvres ? Nouvelle édition. 1 vol. (sous presse).

DISCOURS DU CITOYEN PIERRE LEROUX sur la fixation des heures du travail.　　15 cent.

SOUS PRESSE :

CATÉCHISME SOCIAL,
Par le citoyen GREPPO,
REPRÉSENTANT DU PEUPLE.
PRIX : 15 CENTIMES.

Imprimerie de Ed. Bautruche, r. de la Harpe, 90.